TEACHING PHYSICAL COMPUTING
AND CODING WITH ENTRY

entry를 활용한

피지컬컴퓨팅과 코딩 교육

임미숙 지음

도서출판 홍릉

저자소개

임미숙 나사렛대학교 오웬스교양대학 조교수
e-mail: misuk6389@kornu.ac.kr

•충남대학교 자연과학대학 수학과
•충남대학교 교육대학원 수학교육(교육학석사)
•목원대학교 IT 공학과 융합컴퓨터 · 미디어 전공(공학박사)

관심분야
정보보호, 인공지능(AI), SW 교육, 로봇, 드론, 재난안전관리, 안전교육

entry를 활용한
피지컬컴퓨팅과 코딩 교육

인 쇄: 2023년 8월 21일 초판 1쇄
발 행: 2023년 8월 30일 초판 1쇄

저 자: 임미숙
발행인: 송 준
발행처: 도서출판 홍릉
주 소: 01093 서울시 강북구 인수봉로 50길 10
등 록: 1976년 10월 21일 제5-66호

전 화: 02-999-2274~5, 903-7037
팩 스: 02-905-6729
e-mail: hongpub@hongpub.co.kr
http://www.hongpub.co.kr
ISBN: 979-11-5600-130-0(93000)

정 가: 16,000원

책여는글

행정안전부 사무관이신 이영미 사회안전학 박사님이 하신 말씀입니다. 평생 3권의 책을 써야 한다고 합니다. 한 권은 자서전, 한 권은 전문서적, 한 권은 수필집이라고요. 이제 저도 조심스럽게 한 권을 내고자 합니다. 처음부터 끝까지 하나하나 도움을 주신 황선생님 감사합니다.

챗GPT가 우리에게 성큼 다가왔습니다. 무언가 우리도 해야 할 것 같은 숙제가 생긴 것 같습니다. 새로운 기능을 습득해야 할 것 같기도 하고요. 아니면 챗GPT가 해결해 줄 것이니 시키는 일만 해도 될 것 같기도 하고요.

우리가 미루고 있는 사이에도 세계는 급하게 변화하고 있습니다. COVID-19로 인해 한동안 우울하고 힘든 시기가 있었죠. 그런 와중에 우리 학교 교육에는 많은 변화가 생겼고, 코딩교육, 컴퓨터 교육에도 신선한 바람이 불어왔다고 생각합니다.

이제 또 어떤 변화의 바람이 불어올지는 모르지만 그런 중에도 교육은 계속 발전해 가리라 생각합니다. 문제해결과 프로그래밍이라는 SW 교육을 하면서 코딩교육이 어렵게만 느껴졌던 학생들을 생각해 보았습니다. 굳이 수학이라고 정의하지 않아도 어려운 미분 적분은 몰라도 코딩을 스스로 하도록 유도하고자 했습니다.

엔트리(entry)는 블록코딩이지만 쉽고, 그러면서 재미있게 누구나 접할 수 있는 코딩 도구입니다. 이 책에서는 그런 저의 의도에 맞게 쉽고 편리하면서도 다양한 기능이 있는 엔트리를 통해 누구나 개발자가 될 수 있다는 자신감을 주기를 기대합니다.

2023년 여름

임미숙

이 책의 목차

PART 1

AI 코딩과 미래교육

1.1 미래교육 / 1.2 코딩 들어가기

우리 사회는 매우 빠르게 발전하고 있습니다. 이제 학생들이 정해진 시간에 맞추어 학교에 등교하여 지정된 좌석에서 가만히 앉아 선생님의 수업을 듣고 받아적고 암기하여 시험에 응시하는 시대는 지난 것 같습니다. 절대 변하지 않던 교육의 현장에도 변화의 바람이 불어오기 시작하였습니다. 물론 이 신선한 변화의 바람은 좋은 방향으로 흐르는 것 같습니다.

어떤 일을 혼자 해결하기보다는 여러 명이 함께하는 활동들이 늘기 시작하였습니다. 동아리 활동도, 학년의 구별이 없이 서로의 장점을 발휘하여 합동으로 나아가는 캡스톤 디자인의 형태도 좋은 예라도 볼 수 있습니다.

아침미다 새로운 소식들이 우리에게 들려옵니다. 좋은 소식도, 안 좋은 소식도 있지만, 소식을 조금이라도 늦게 알거나 새로운 소식에 무관심하였다가는 사회생활에서 불편해지는 경우도 종종 발생합니다.

그 예로 교통법규나 범칙금 등도 나만 모르는 경우 난감한 상황이 발생하고, 일기예보에도 관심을 가지지 않으면 갑작스러운 일기 변화에 난감한 경우가 발생한 경험은 누구나 한번은 경험하였을 것입니다.

이러한 빅데이터 시대에 우리는 다양한 사회 변화에 적응하고 한 발짝 뒤에서 있다면 성큼 앞으로 나와서 새로움과 친해지도록 노력해야 할 것입니다.

1. 미래교육

CHAPTER 1
미래교육

21세기 핵심 역량 4C

20세기까지 미국 등 교육 선진국들은 '3R' (1)독서(Reading), (2)글쓰기(Writing), (3)연산(Arithmetic)을 강조했다. 이후 21세기, 4차 산업혁명 시대에 맞이하며 급격하게 변화하는 시대에 맞는 인재를 양성하기 위한 핵심 역량으로 초·중·고 전 교육과정에 '4C'를 도입하게 된다.

Collaboration (협업)	Creativity (창의력)	Critical thinking (비판적 사고)	Communication (의사소통)

[그림 1.1] 4C 영역

• 4C란 무엇인가?[1)]

1. 의사소통 능력(Communication)
   본인의 의사를 표현하며 상호교류를 할 수 있는 능력이다. 글과 말을 읽고 들음으로써 다른 사람이 뜻을 파악하고, 그것을 글과 말을 통해 정확하게 쓰거나 말하는 능력이다. 의사소통 능력은 대인관계에서 기본으로, 상호간의 생각 차이를 좁히고 선입견을 줄여 사회적으로 매우 중요한 능력이다.
2. 협업 능력(Collaboration)
   사람들과 협력할 수 있는 능력이다. 과제를 함께 수행하는 사람들과 원만히 지내며, 협동으로 이루어진 결과물로 최고의 성과를 낼 수 있는 능력이다. 서로 다양한 생각을 하는 사람들과 원만히 교류하고 서로의 장단점을 파악해 자신에게 알맞은 일을 할 수 있도록 한다.
3. 비판적 사고능력(Critical Thinking)
   비판적 사고능력은 단순히 부정적으로 생각하는 것이 아닌 체계적이고 논리적인 과정을 통해 결론을 도출할 수 있는 능력을 말한다. 다른 사람의 의견에 논리적인 사고를 통해 모순을 찾아내고, 나의 의견을 뒷받침할 수 있는 근거를 적절히 활용하며 추론할 수 있다.
4. 창의력(Creativity)
   같은 현상이나 사물을 보고 모두가 같은 생각을 하는 것은 아니다. 어떤 사람들은 새로운 관점으로 전혀 새로운 생각을 함으로써 다른 방향이지만 또 다른 좋은 방향으로 제시 되기도 한다. 다른 사람들에게는 다소 엉뚱한 생각이라도 새로운 개념을 찾아내거나, 기존의 생각과 개념을 새롭게 하는 것이 창의력의 핵심이다.

1) 출처 : 에듀진 인터넷 교육신문(http://www.edujin.co.kr)

창의적 코딩교육[2)]

컴퓨터과학 분야에서 학생들이 성별, 인종, 종교 등에 관계없이 누구나 배울 수 있는 기회를 제공하고 창의력과 문제해결 능력을 향상시켜 미래직업을 준비하도록 하였다.

컴퓨팅 사고(Computational Thinking)[3)]

컴퓨팅 사고는 문제를 공식화하여 솔루션을 컴퓨팅 단계 및 알고리즘으로 나타낼 수 있도록 하는 사고 프로세스를 말한다. 교육분야에서는 컴퓨터가 실행할 수 있는 방식으로 문제와 해결방법을 표현하는 일련의 문제 해결방법으로 프로세스 자동화가 포함되지만 프로세스를 탐색하고, 분석하며 이해한다.

컴퓨팅 사고는 기존 4C에서 5번째 C로 부상하고 있으며, 또한 과학, 기술, 공학, 수학을 통칭하는 STEM에서 A가 추가되었다[4)].

2006년 카네기멜론 대학의 Jeannette M. Wing 교수는 컴퓨팅사고력을 '컴퓨터 과학자'처럼 생각하는 것으로 말하였으며, 다양한 전문가들의 견해를 종합하면 다음과 같다.

- 복잡한 문제를 해결하기 위해 순서대로 생각하고, 컴퓨터의 기능을 활용하여 문제를 해결하는 사고.
- 문제를 절차적으로 사고하고, 컴퓨팅 시스템 역량을 활용하여 문제를 해결해 나가는 과정.
- 컴퓨팅 시스템 역량을 활용해 해결하려는 문제를 효과적으로 해결하는 절차적 사고능력

2) (창의적 코딩교육, 조쉬 골드웰, 미디어숲)
3) 출처 : 이영준(2014). 초중등 단계 Computational Thinking 도입을 위한 기초연구. 한국과학창의재단
4) n.wikipedia.org/wiki/Computational_thinking

STEAM[5]

STEAM(S: Science, T: Technology, E: Engineering, A: Art, M: Math)

STEAM 교육은 한국과학창의재단의 융합교육(STEAM)으로, 과학기술에 대한 흥미와 이해를 높이고, 과학기술 기반의 융합적 사고와 실생활 문제해결력을 함양하기 위한 교육을 말한다. 과학(Science), 기술(Technology), 공학(Engineering), 인문 · 예술 (Arts), 수학(Mathematics)의 머리글자를 합하여 만든 용어로써, 과학 · 기술 · 공학 · 수학에 인문학적 · 예술적 소양을 고려한 A(Art)를 함양한 교육이다.

• STEAM 사업

학교 밖 사업

5) https://steam.kofac.re.kr/?page_id=11266

1. 학교밖 융합교육(STEAM) 프로그램 운영
   기업, 연구소 등 전문 인프라와 인력을 갖춘 기관을 지원하여 초 · 중등학생이 방문하여 체험할 수 있는 융합교육(STEAM) 체험 프로그램 운영
2. 융합교육(STEAM) 프로그램 개발
   분야 전문가들이 협력하여 학교 현장에서 교육자료로 활용하기 적합한 주제 특화 프로그램 연구 · 개발 및 제공

학교와 구성원 대상 사업

1. 학교 대상 사업
   - 융합교육(STEAM) 선도학교 : 학교 교육과정에 융합교육(STEAM)을 폭넓게 적용하고 현장 확산을 위한 학교 모델 구축
   - 학교 내 무한상상실 : 학생들의 창의적인 아이디어를 구현하고 자기주도적 학습능력을 함양하는 공간구축
2. 교사 대상 사업
   - 융합교육(STEAM) 국내외 연수 : 교사의 융합교육(STEAM) 역량 함양을 위한 융합교육(STEAM) 교원연수 입문과정, 기초과정, 심화과정, 모듈형과정 등을 운영하며, 학교 관리자의 인식과 역량을 제고하기 위한 관리자 연수 운영
   - 융합교육(STEAM) 교사연구회 : 다양한 교과 교사들이 협력하여 현장 적용성 높은 융합교육(STEAM) 프로그램을 연구, 개발, 적용하며, 협력연구 역량을 기를 수 있도록 지원
3. 학생 대상 사업
   - 융합형 연구과제(STEAM R&E 과제) : 고등학생들이 실생활 문제를 다양한 교과 지식과 경험을 융합하여 스스로 해결하며 학습할 수 있도록 연구와 교육 활동 지원 및 우수 학생 대상 장관상 시상

2022 개정 초 · 중등학교 및 특수교육 교육과정

2022년 12월 교육부에서 발표한 2022 초 · 중등학교 및 특수교육 교육과정 확정 발표안은 배움의 즐거움을 일깨우는 미래교육으로의 전환을 목표로 하고 있다. 주요 내용으로는 미래 변화를 능동적으로 준비할 수 있도록 역량 기초소양 함양 교육 강화로 디지털 기초소양 강화 및 정보교육 확대에 있다.[6)]

□ 미래 변화에 능동적 준비하는 역량 및 기초소양 함양 교육 강화

- 모든 교과 학습과 평생학습의 기반이 되는 언어 · 수리 · 디지털 기초소양 강화
- 지속 가능한 미래를 위한 공동체 역량 강화 및 환경 · 생태교육 확대, 디지털 기초소양 강화 및 정보교육 확대

□ 학생의 자기주도성과 창의력을 키워주는 개별 맞춤형 교육 강화

- 학교급 전환 시기에 필요한 학습과 학교생활 적응을 위한 진로연계교육 도입
- 학생 맞춤형 과목 선택권 확대, 학습에 대한 성찰과 책임 강화 등

□ 학교 현장의 자율 혁신 지원 및 유연한 교육과정 개선

- 학교 자율시간으로 지역 연계 교육 및 학교와 학생의 필요에 따른 다양한 선택과목 개설 활성화
- 학점 기반의 유연한 교육과정, 진로 선택 재구조화를 통한 학생 과목 선택권 확대

□ 학생의 삶과 연계한 학습을 위한 교과 교육과정 개발

- 단순 암기 위주의 교육방식이 아닌 탐구와 개념 기반의 깊이 있는 학습으로 전환
- 디지털 · 인공지능을 기반으로 학생 참여형 · 주도형 수업 및 학습의 과정을 중시하는 평가로 개선

6) 보도자료, "2022 개정 초 · 중등학교 및 특수교육 교육과정 확정 · 발표–배움의 즐거움을 일깨우는 미래교육으로의 전환–", 교육부, 2022-12-22
https://www.moe.go.kr/boardCnts/viewRenew.do?boardID=294&boardSeq=93459&lev=0&searchType=null&statusYN=W&page=1&s=moe&m=020402&opType=N

인공지능과 기술의 미래, 활용 가능성과 평가에 미치는 영향

• 4차 산업혁명 기술의 교육적 적용[7]

AI 교사& 챗봇	• VR · AR · MR 등으로 구현된 교육 콘텐츠 안내 • 학습 데이터 분석 및 학생별 적성 · 역량 파악
온라인 공개수업(MOOC)	• 학교 · 학과 · 학기의 구분 없이 글로벌 교육
VR · AR · MR 기술	• 칠판 · 종이 대체, 교육콘텐츠 입체 구현
디지털 교과서 · 스마트 글라스	• 태블릿PC로 360도 영상 등 콘텐츠 제공
디지털 트윈	• 컴퓨터로 학생과 똑같은 아바타 구현 • 학생 성격 · 적성 · 학습 데이터를 적용한 미래예측

7) "챗봇 · 스마트글라스 · AI … 4차산업혁명 기술이 교실로", 2018-10-03, 매일경제, https://www.mk.co.kr/news/it/8498824

교육의 디지털 트랜스포메이션, 에듀테크[8)]

① AI & Personalized learning

인공지능 교사는 (1) 최적의 수업 커리큘럼 (2) 학습자 빅데이터 축척을 통한 학습자 학습현황 및 역량 파악, (3) 학습 진행 중 적절한 학습코칭 (4) 학습내용 상기 (5) 맞춤형 학습동기 및 보상 지급, (6) 맞춤형 학습관리 및 학습 로드맵 제시

〈사례 1〉 조지아 공대의 인공지능 조교	2016년 5월 조지아 공대 인공지능 수업을 들은 300여 명의 학생을 깜짝 놀라게 한 사건이 있었다. 학생들은 1월부터 온라인 수업으로 인공지능 강의를 듣고 있었는데, 학생들의 질문에 답변을 주고, 쪽지 시험을 내고 토론 주제를 주었던 조교가 사람이 아닌 인공지능이었다. 질 왓슨의 이름을 가진 이 조교는 학생들에게서 20대 백인의 박사과정을 공부하는 학생이라 예상했는데 그 예상은 빗나갔다. 심지어 이 조교는 인공지능이라 밝혀지기 전에 매우 인기가 많았던 조교였다고 한다. 답변의 정확도나 빠르기 측면에서 매우 뛰어났기 때문에 학생들이 많이 좋아했다. 질 왓슨은 비속어까지 자연스럽게 섞어 썼기에 학생들은 전혀 눈치채지 못했다. 수업을 이끄는 교수는 지속적으로 인공지능 조교를 활용할 것이라 밝혔다
〈사례 2〉 아카스터디의 뮤지오	'AKA'라는 기술팀이 만든 뮤지오는 정해진 단어를 나열하는 기존 로봇과는 달리 자연스러운 대화를 통해 언어를 가르치고, 스스로 진화하는 어학교육 로봇이다. 아카스터디는 세계적인 머신러닝 전문가, 데이터 분석가, 언어 전문가들의 수년간 노력으로 만든 것이 뮤지오라 소개하고 있으며, 스스로 생각하고 소통하며 진화하는 인공지능 로봇 뮤지오의 가능성을 높이 평가하고 있다. 학습자들은 뮤지오를 통해 원어민 강사 수준의 대화를 진행할 수 있으며, 문법과 발음 또한 체크가 가능하다. 뮤지오는 Simple, Smart, Genius 세 버전이 있다. Simple 버전은 단순한 대화용 로봇으로 어린이 어학 학습용으로 개발되었다.
〈사례 3〉 뤼이드의 산타토익	교육 스타트업 기업인 뤼이드가 만든 토익 맞춤형 학습 애플리케이션이다. 사용자의 학습 상태를 20개 카테고리의 64개 유형으로 분석해 파악할 수 있게 해주며, 분석 결과를 토대로 약점을 보완할 수 있는 추천해 문제 기반의 학습이 진행되어 학습자가 완전학습을 하게끔 도와주는 애플리케이션이다. 해외 유수 대학의 박사 출신들이 알고리즘을 개발했으며, 실제 많은 양의 문제은행도 구축하고 있어 학습자들사이에 인기가 좋은 애플리케이션이다. 뤼이드가 만들었던 오답노트 기능도 구현되어 있어 토익에서 틀린 문제를 자동으로 오답노트에 보내 이 부분만 집중 학습할 수 있게 해준다. 또한 산타톡을 제공하고 있어 다양한 커뮤니케이션을 통해 추가 학습정보를 얻게끔 해준다

8) SPRi 소프트웨어정책연구소, 홍정민, 2022.06.27., "교육의 디지털 트랜스포메이션, 에듀테크"

② Digital Platform & Informal Learning

정형화된 학습(교사가 먼저 학습 후, 학생들에게 전달하는 시스템)이 아닌 디지털 플랫폼으로 연결되어 모두 선생과 학생이 되는 환경을 구축하여 현재의 지식의 양과 속도를 따라가는 협력학습을 진행

〈사례 1〉 유데미와 에어클라스	유데미는 누구나 강사가 되고 누구나 학생이 되는 플랫폼을 지향한다. 2만 명이 강사로 등록되어 있으며 4만 개이상 등록된 강의 콘텐츠를 자랑한다. 또한 80개 언어로 서비스되고 있으며 우리나라에도 서비스되고 있다. 요가, 퍼스널 브랜드, 사진 촬영기법 등 다양한 분야의 콘텐츠를 수강할 수 있는 사이트로 'The academy of you'를모토로 하는 이 플랫폼은 1,200만 이상의 수강생을 보유한 사이트로 유명하다. 에어클라스는 한국판 유데미라 말할 수 있다. 2015년부터 서비스를 시작했으며 1,000여 개 이상의 콘텐츠를보유하고 있다. 큐브 맞추기, 육아, 어학 등 유데미와 마찬가지로 다양한 분야의 콘텐츠를 보유하고 있다
〈사례 2〉 바로풀기	소셜 미디어의 특징인 연결을 중심으로 다양한 에듀테크 기업들이 등장하고 있다. 우리나라 기업의 대표적인 기업으로 바로풀기를 들 수 있다. 바로풀기는 학생이 모르는 문제가 있을 때 사진으로 간단히 찍어 바로풀기 애플리케이션에 등록하면 문제에 대해 아는 사람이 풀어주는 형식으로 구성되어 있다. 명쾌하고 간단한 개념인 이 플랫폼은 하루에 4,000개의 질문 41만 회원 누적 질문 수 2600만이 넘을 정도로 대한민국 에듀테크를 대표하는 애플리케이션으로 성장하고 있다. 더 놀라운 것은 질문이 등록되고 나서 답변이 달리는 시간이 13분밖에 되지 않는다는 것이다. 모르는 문제를 사진으로 찍어 올리면 그에 대한 답을 13분 후에 볼 수 있는 대한민국 학생이라면 꼭가져야 할 필수 애플리케이션으로 성장하고 있다. 모르는 문제를 인터넷상에 아는 사람과 연결해 주는 '연결'의 힘을 이용한 소셜 러닝 플랫폼이라고 할 수 있다
〈사례 3〉 클래스팅	알림장을 애플리케이션으로 서비스해 학부모, 교사, 학생의 공유가 활발하게 이루어지게 해 주는 서비스에서선생님과 1:1로 상담할 수 있는 비밀 상담방, 과목별 게시판 서비스, 타 학급과의 교류, 과제 제출 및 취합 기능 등도이 애플리케이션을 이용하면 가능하다. 학교에서 학부모, 교사, 학생이 공유해야 하는 내용을 실시간으로 함께공유할 수 있는 서비스이다. "우리반을 잇다"라는 모토의 이 사이트는 현재 100만 명 이상이 다운로드했으며 현직 교사가 만든 서비스답게학교 생활에 필요한 부분을 편리하게 쓰도록 만들어졌다.

③ 학습몰입 & VR/AR

〈사례 1〉 구글 익스피디션 파이오니아 프로그램	국내에 공개된 이 교육용 애플리케이션은 영어권 국가의 학교가 신청을 하면 이 프로그램을 활용할 수 있도록 해 주고 있다. 만리장성, 화성, 버킹엄 궁전 등 100여 개의 장소를 학생들에게 가상현실로 직접 체험할 수 있도록 한다. 스마트폰과 카드 보드(VR 콘텐츠를 볼 수 있는 저가 헤드셋 : 두꺼운 종이로 되어 있으며, 종이와 몇 가지 재료만 있으면 누구나 만들 수 있음)만 있으면 학생들이 모두 체험할 수 있다. 2015년 9월 이 프로그램이 시작된 이래로 전 세계 50만 명이 넘는 학생이 이 프로그램을 체험했다. 교사는 이 프로그램만 있으면 학생들에게 교과서에 나오는 곳을 체험하게 할 수 있는 마법을 부릴 수 있다.
〈사례 2〉 이온리얼리티	VR/AR의 강자 이온리얼리티는 교육 분야에 이어 다양한 가상현실 환경을 제공하고 있는데 아래의 그림은 가상으로 화학실험실을 체험할 수 있는 가상의 공간을 보여주고 있다. 이온리얼리티는 이외에도 지리 체험 환경, 배관기술 실습실, 가구제작 실습실, 해부학 실험실 등을 가상 환경으로 제공하고 있으며, 이를 통해 현실만큼 현실감있는 교육 환경을 제공하려 노력하고 있다
〈사례 3〉 사이언스 AR	과학교육 분야와 증강현실이 접목된 사이언스 AR은 크롬빌이 제작한 애플리케이션이다. 생물학, 지구과학, 지리학, 천문학, 생물학 등 다양한 분야에 증강현실 콘텐츠를 제공하고 있다. 디바이스 화면을 통해 식물의 성장 과정, 태양계 행성의 종류와 정보, 인체구조 등 과학과 관련된 정보를 증강현실로 생생하게 체험할 수 있다.

AI교육의 유형[9)]

1. AI 핵심인재 교육

- 인공지능, 빅데이터, 메타버스 등 첨단 분야의 핵심인재를 양성하는 교육
- 첨단 분야에서 핵심 인재를 기르기 위해서는 인공지능, 빅데이터의 개념과 원리에 대한 기초교육에서부터 되첨단 전문 연구와 개발에 이르는 교육이 필요하다.

2. AI 기초 교육

- 미래사회의 주역이 될 초중등하교 학생들 모두 디지털 소양으로 갖추어야 할 기본적인 내용
- 인공지능의 기본적 개념, 기초적인 코딩 교육을 포함한다.

3. AI 활용 · 윤리 교육

- 첨단 기술이 반영된 앱, 프로그램 등을 활용할 수 있는 것과 더불어 인공지능 사회에 필요로 하는 새로운 윤리의식 교육
- 디지털 리터러시 데이터 리터러시, 미디어 리터러시 교육

4. AI 시대의 미래교육

- 미래 사회 변화에 따라 교육의 시스템적 혁신 강조
- 첨단 기술을 활용한 맞춤형 교육의 구현

9) https://post.naver.com/viewer/postView.naver?volumeNo=31996404&memberNo=15194331

2. 코딩 들어가기

CHAPTER 2 코딩 들어가기

하드웨어와 소프트웨어

하드웨어와 소프트웨어란 앞 장에서 살펴본 것과 같이 하드웨어(물리적인 형태)와 소프트웨어(하드웨어를 동작하게 도와주는 프로그램)으로 설명할 수 있다. 그리고 소프트웨어는 시스템 소프트웨어, 응용소프트웨어로 나뉜다.

컴퓨터 시스템의 구성요소는 다음 [그림 1.2]와 같이 나타낼 수 있다. 크게 하드웨어, 소프트웨어로 나뉘며, 소프트웨어는 시스템 소프트웨어, 응용 소프트웨어로 나눌 수 있다.

하드웨어는 크게 중앙처리장치, 주기억장치, 보조기억장치, 입출력장치로 나눌 수 있다.

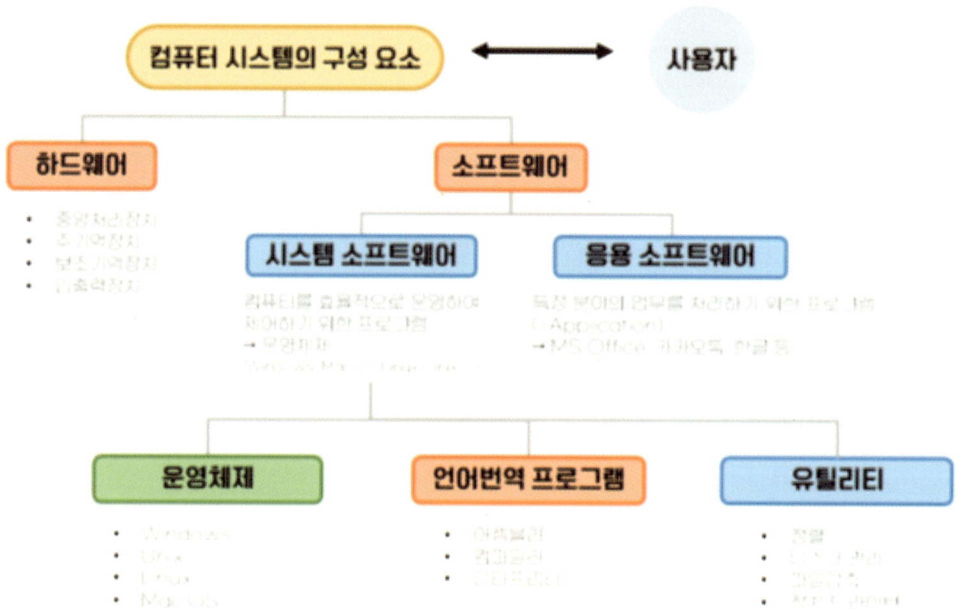

[그림 1.2] 컴퓨터 시스템 구성요소

중앙처리장치는 CPU(Central Processing Unit)으로 불리며, 컴퓨터의 두뇌에 해당하는 부분이다. 컴퓨터 시스템을 통제하고 프로그램 연산을 실행 · 처리하며, 모든 작동에 관여하고 있다. 이런 CPU를 도우며 즉시 필요한 수치, 명령, 자료 등을 저장하는 부분은 주기억장치(Main Memory Unit)로, 우리 일상생활에서 보기 쉬운 예는 RAM이다.

보조기억장치는 흔히 하드디스크(HDD), SSD와 같은 기억장치로써 내컴퓨터에서 보이는 디스크목록들을 생각하면 된다. USB, CD, 플래시 메모리 등 데이터를 영구적으로 보관하는 장치이다. 주기억장치와 다른 점은 주기억장치는 컴퓨터가 가동되는 동안만 기억하는 장치이지만, 보조기억장치는 컴퓨터 전원이 OFF되어도 저장되어있으며 이동이 가능한 점이 있다.

입출력장치는 사용자로부터 데이터를 받아 컴퓨터에게 전달해주는 입력장치와 컴퓨터의 정보를 사용자에게 보여주는 출력장치를 통틀어 표현하는 명칭이다. 입력장치로는 마우스, 디지타이저(타블렛, tablet), 마이크, 웹캠 등 현실에서 가상으로 데이터를 전달하는 장치이다. 출력장치는 입력장치와 반대되는 개념으로, 컴퓨터가 가진 정보를 보여주는 장치이다. 대표적으로 모니터, 프린터, 스피커 등 있다.

이와 같이 물리적인 형태로써 컴퓨터를 이루는 것을 하드웨어라고 명명한다.

그렇다면 소프트웨어란 무엇인가? 소프트웨어는 크게 시스템 소프트웨어와 응용 소프트웨어로 분류할 수 있다. 이들은 [그림 1.3]과 같은 계층구조를 이루고 있으며, 하드웨어와 시스템 소프트웨어, 그리고 응용 소프트웨어는 긴밀한 연결관계를 가지고 있다.

응용 소프트웨어	Office프로그램, 메모장, 한글오피스 등
시스템 소프트웨어	Windows, MacOS, Linux, Unix,
하드웨어	중앙처리장치, 기억장치(주/보조), 입출력장치

[그림 1.3] 컴퓨터 계층 구조

예를 들면, Apple사의 맥북(하드웨어)은 MacOS(시스템 소프트웨어)로 컴퓨터를 작동시킬 수 있으며 .dmg라는 확장자를 가진 설치소프트웨어를 통해서 응용소프트웨어를 사용할 수 있다. 이 소프트웨어를 Windows에서 설치 · 사용하기 위해서는 복잡한 프로그램들을 사용하여 시스템 소프트웨어(MacOS)를 부팅한 후 사용할 수밖에 없다.

소프트웨어는 어떻게 만드나요?

소프트웨어는 크게 두 가지로 시스템 소프트웨어와 응용소프트웨어로 나뉜다. 시스템 소프트웨어는 사용자가 효율적으로 하드웨어를 제어하고, 접근할 수 있도록 도우며, 응용소프트웨어를 실행할 수 있도록 플랫폼을 제공하는 소프트웨어다. 시스템 소프트웨어가 없다면 사용자는 컴퓨터 하드웨어의 물리적인 특성이나 구조, 내부 회로 등을 습득하고 명령어를 통해 제어하며 사용하여야 하는 문제점이 있다.

응용소프트웨어는 시스템 소프트웨어 안에서 동작하는 프로그램으로써, 사용자가 가진 업무를 해결하는 데 도움을 주는 프로그램이다. 일반적으로 프로그램 개발은 응용소프트웨어를 개발하는 것을 표현한다.

그럼 소프트웨어는 어떻게 만들어야 할까? 소프트웨어는 크게 4가지 과정으로 개발을 진행한다.

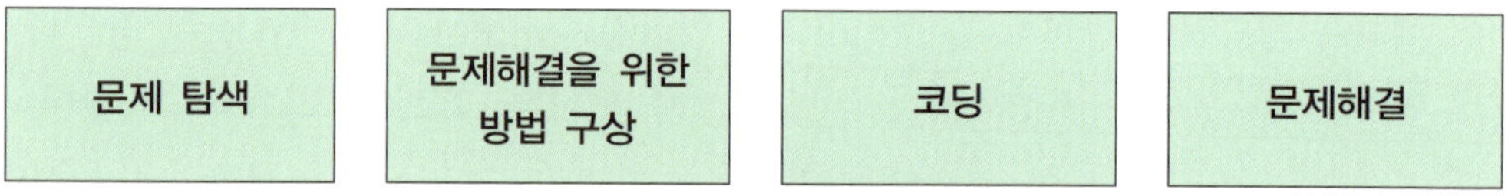

[그림 1.4] 소프트웨어 과정

프로그램 개발에 앞서서, 우선 프로그램을 개발하기 위한 언어를 선택해야 한다.

프로그램 언어는 크게 저급언어 / 고급언어로 나뉘며, 저급언어는 하드웨어에게 친근하여 사용자에게 불친절하고, 고급언어에 가까울수록 사용자가 직관적으로 알기 쉽게 표현하여 개발할 수 있다.

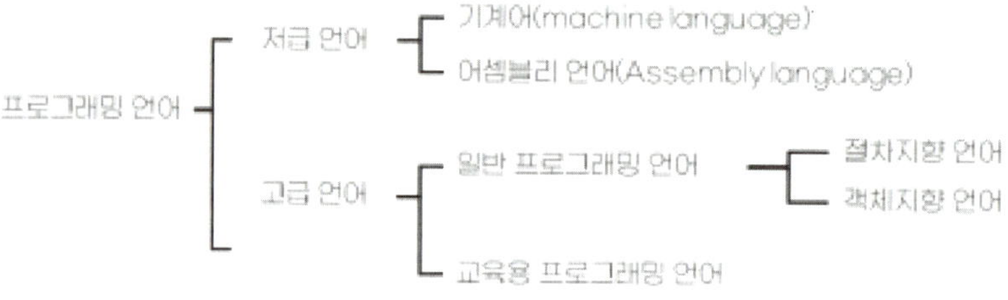

일반적으로 코딩교육에서 사용된다고 알려진 C, C++, Python과 같은 언어들은 일반 프로그래밍 언어이며, 초 · 중 · 고에서 사용되는 Entry, Scratch, Blocky와 같은 언어들은 교육용 프로그래밍 언어(EPL, Education Programming Language)이다. 일반 프로그래밍 언어는 문법구조가 복잡하며 언어 습득에 오랜 시간이 필요하고

개발하는데 시간이 상당히 소요된다. 교육용 프로그래밍 언어의 경우에는 문법구조가 시각적으로 간단하며, 초보자들도 쉽게 접근이 가능하며, 개발하는데 시간이 크게 소요되지 않는다. 또한 교육용 프로그래밍 언어는 다양한 캐릭터와 무대 등 접근할 수 있으며 버그를 찾아내고 유지보수하는데 용이하다. 다만, 일반 프로그래밍 언어처럼 다양한 곳에 사용할 수 없으며 해당 플랫폼 내에서만 사용가능하다.

순서도 역시 문제해결을 위한 한 과정이라고 볼 수 있다.

기호	명칭	설명
	단말	순서도의 시각과 종료를 나타난다.
	흐름선	순서도 기호 간의 연결 및 작업의 흐름을 표시한다.
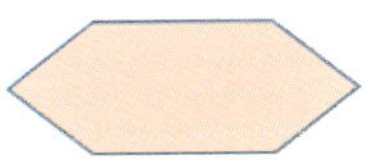	준비	기억 장소, 데이터 초기화 등 작업 준비 과정을 나타낸다.
	처리	처리해야 할 작업을 나타낸다.
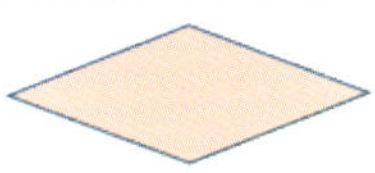	판단	조건을 판단하여 '예'또는 '아니오'로 이동한다.
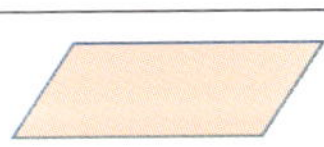	입출력	데이터의 입력과 출력을 나타낸다.
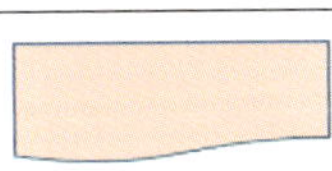	문서	출력장치를 통한 출력을 나타낸다.

대표적인 EPL

– Entry

엔트리란 2013년에 한국에서 제작하고 현재까지 사랑받는 교육도구로써 많은 교육기관에서 사용되고 있으며, 아두이노를 포함한 수많은 코딩교육용 하드웨어(햄스터, 터틀 등)와 연계가 가능한 특징이 있다.

– Scratch

MIT에서 제작한 코딩교육 도구로, 전세계 언어를 지원하고, 라즈베리파이에서도 사용 가능할 만큼 다양한 플랫폼 지원이 되는 프로그램이다. 엔트리와 마찬가지로 피지컬 컴퓨팅이 가능한 코딩교육용 하드웨어를 지원하고 있으나 종류가 적은 편이다.

PART 2

엔트리와 친해지기

1. 엔트리 알아보기 / 2. 미로_보물을 찾아라 / 3. 알을 지켜라 / 4. 피아노 연주 / 5. 엔트리와 세계여행 / 6. 벽돌 깨기 / 7. 구구단 퀴즈 / 8. 펭귄의 동전먹기 / 9. 도넛받기 / 10. 잠자리 비행

본 책에서는 여러 가지 코딩교육 중 엔트리(Entry)를 중심으로 이야기하려고 합니다.

엔트리는 대한민국에서 개발된 블록 코딩 플랫폼입니다. 초등학생들을 위한 컴퓨터 프로그래밍 교육 도구입니다. 블록 형태의 명령어들을 조립함으로써 프로그래밍을 배울 수 있습니다. 이를 통해 학생들은 코딩의 기본 개념을 쉽게 이해하고, 창의적인 문제해결 능력을 키울 수 있습니다. 또한, 엔트리는 온라인 커뮤니티를 통해 다른 사용자들과 작품을 공유하며 서로 협력하고 배울 수 있는 환경도 제공합니다.

엔트리는 햄스터 등 다양한 하드웨어를 연결하여 생각하고 코딩교육에서 실습까지 확장할 수 있는 장점이 있습니다. 본 책에서는 문제해결과 창의력을 키우는 코딩교육에서 스스로 문제를 해결해 볼 수 있도록 소개하고자 합니다.

1. 엔트리 알아보기

CHAPTER 1

엔트리 알아보기

학습목표

엔트리의 기본 화면 구성을 알아본다.

1. 블록코딩 프로그램 중 하나인 엔트리에 대해 알아본다
2. 엔트리의 기본 기능에 대해서 알아본다.
3. 엔트리의 화면구성, 메뉴구성, 블록을 알아본다.

STEP 1 엔트리 알아보기

1. 엔트리 설치하기(오프라인)

01 검색창에 'https://playentry.org' 혹은 [엔트리] 검색하여 홈페이지에 접속한다.

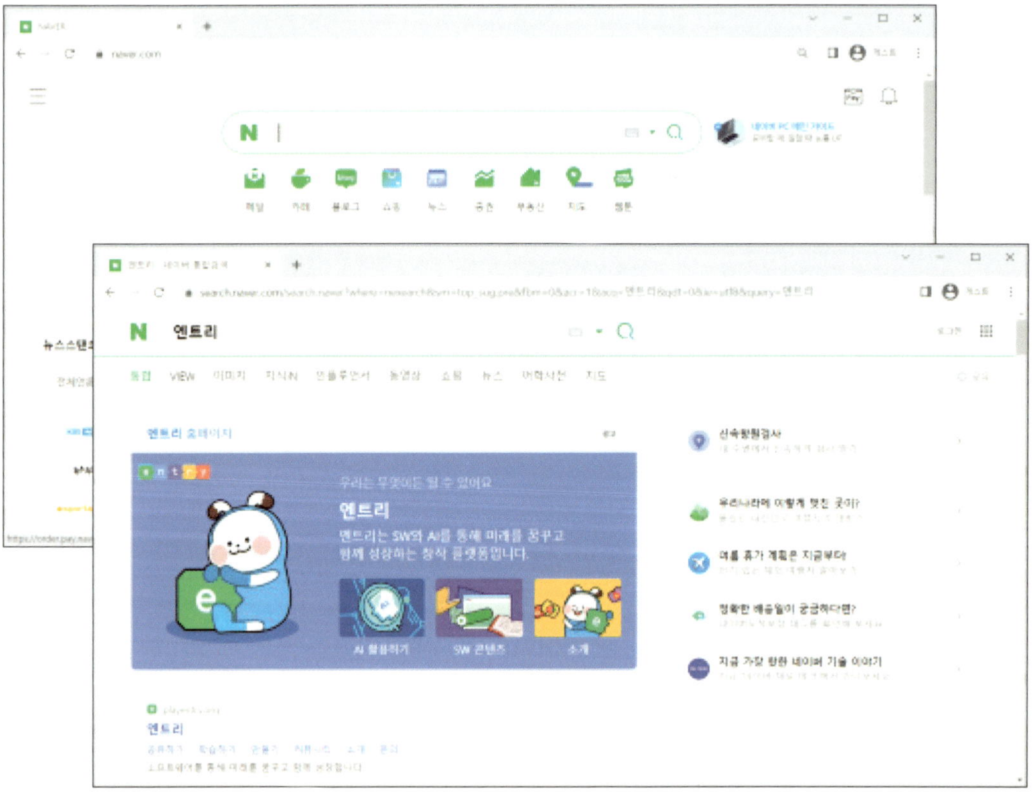

02 [생각하기] – [다운로드]를 클릭한다.

03 [엔트리 오프라인 프로그램]에서 [Windows 64bit]을 누른다.

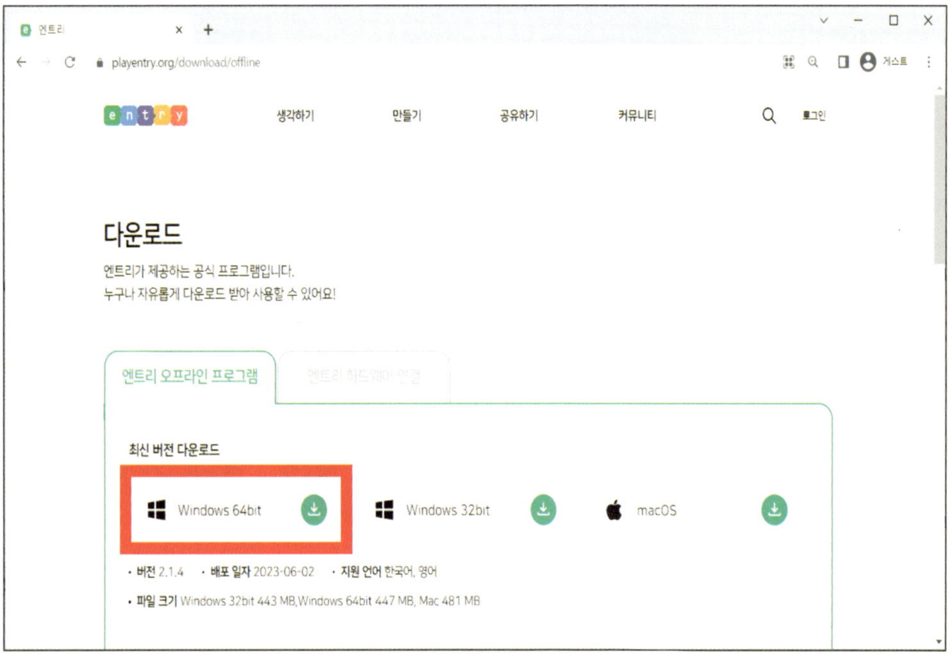

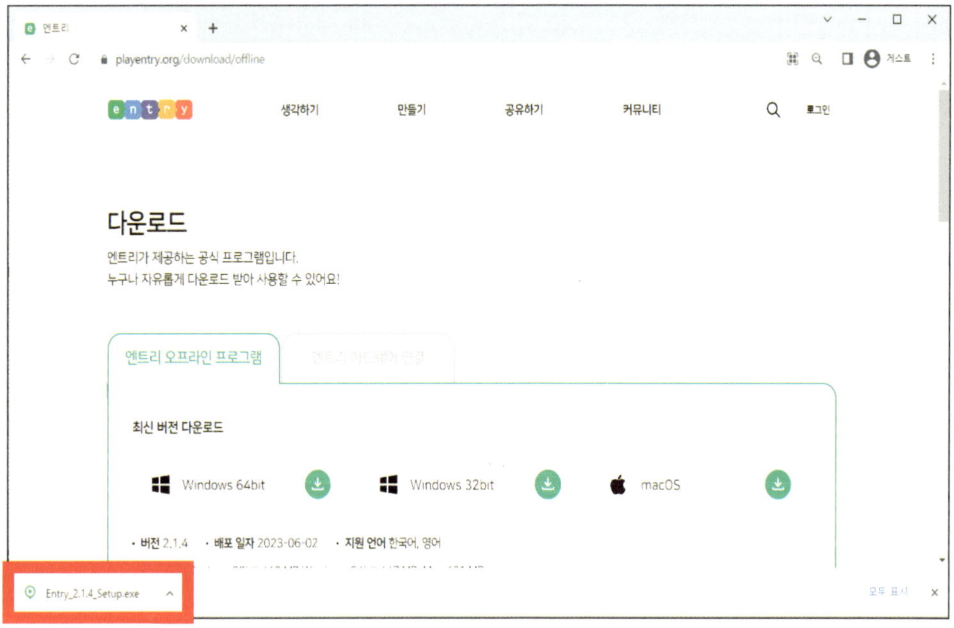

참고

내 컴퓨터 살펴보기

방법 1. [파일탐색기] – [내 컴퓨터]에서 [오른쪽마우스] – [속성]을 누른다.

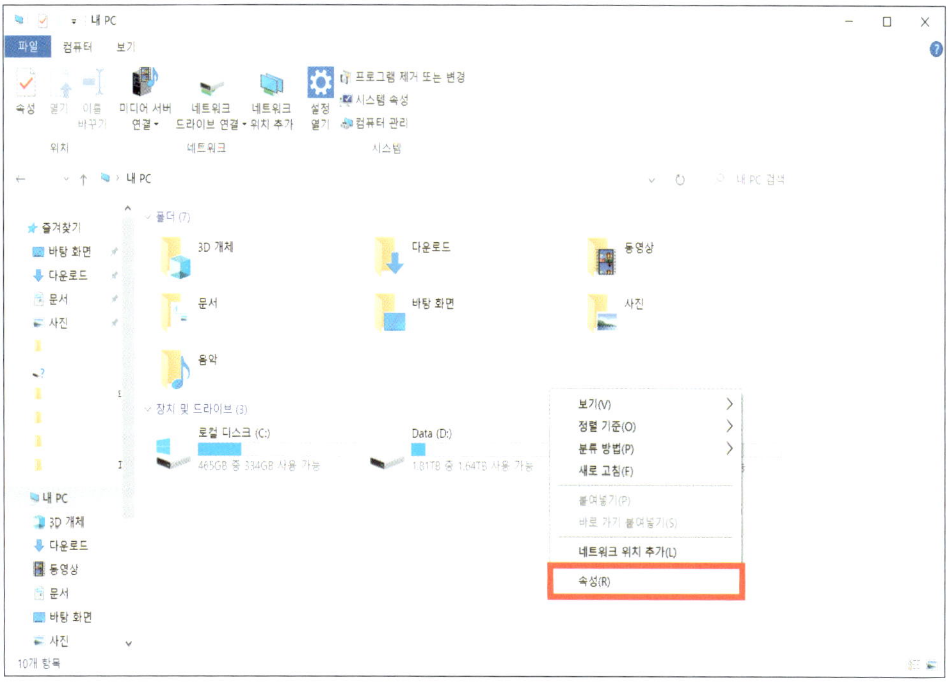

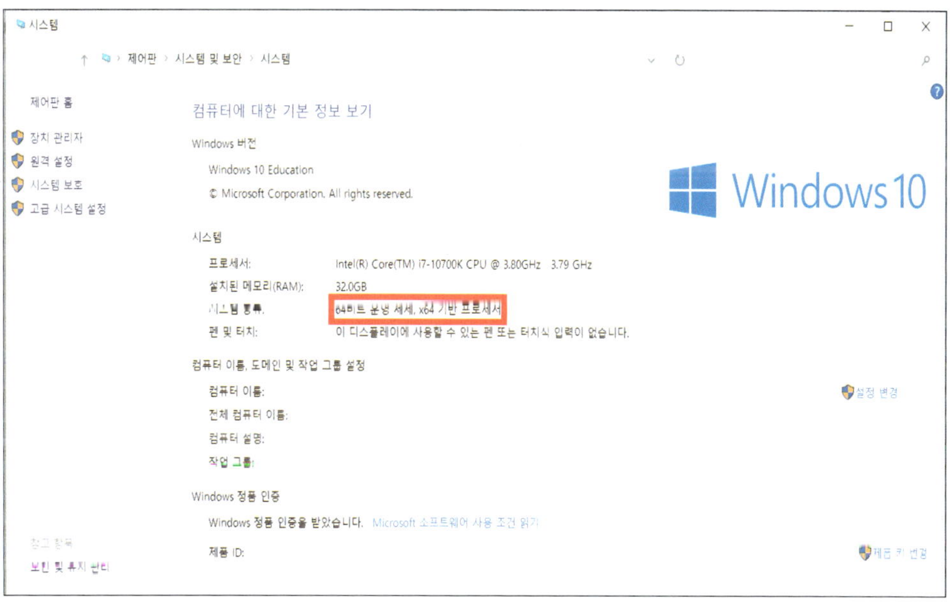

참고

내 컴퓨터 살펴보기

방법 2. 컴퓨터 윗 메뉴바에서 [시스템속성]을 누른다.

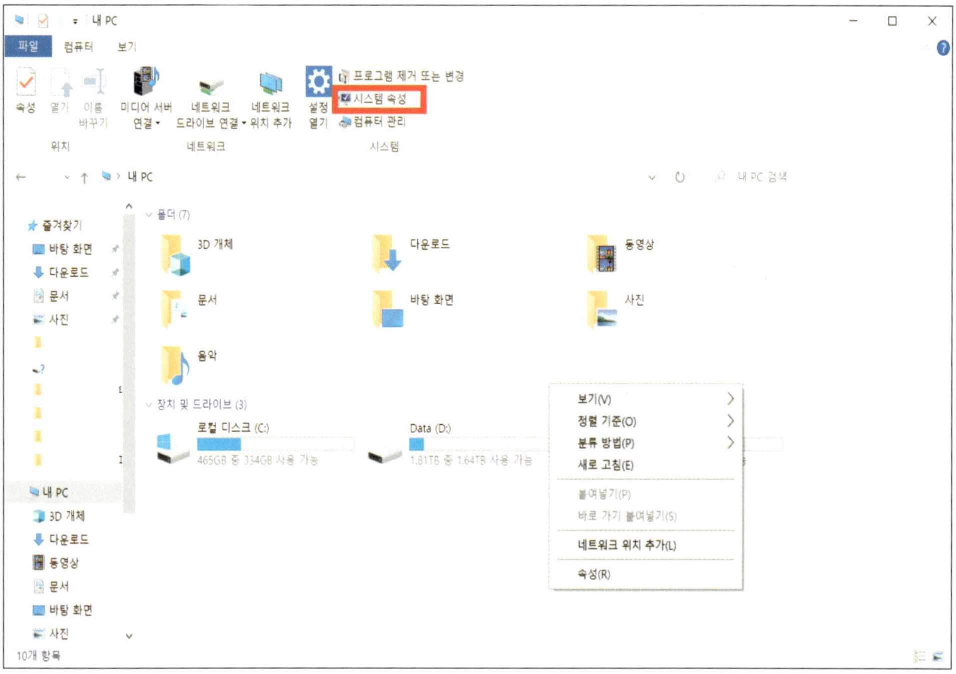

04 다운로드 된 파일을 실행한다.

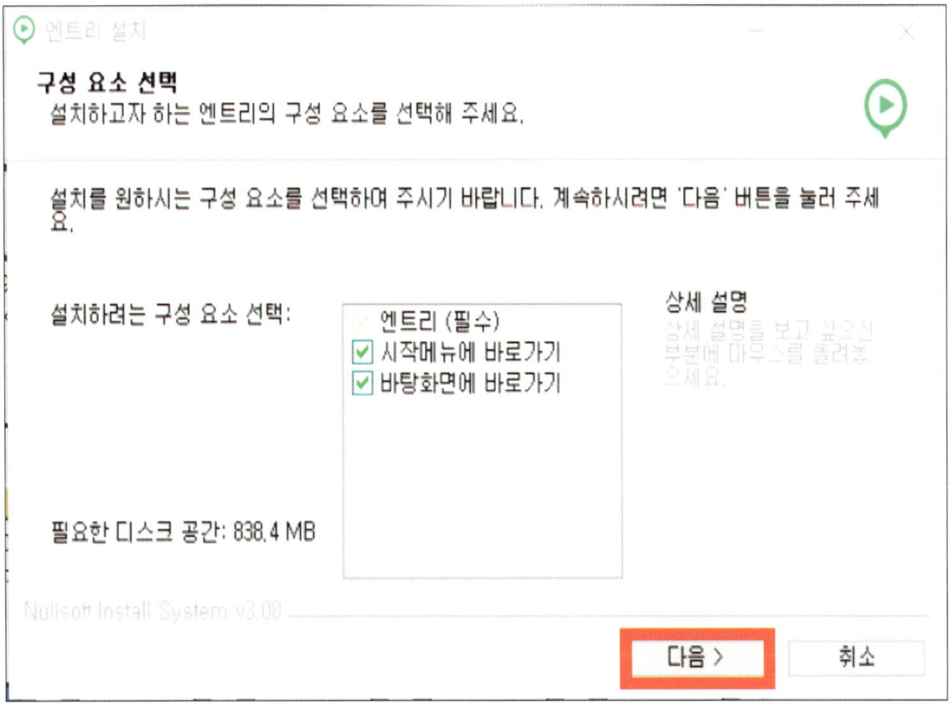

[다음]을 누른다.

설치위치를 선택 후 [설치]를 누른다.

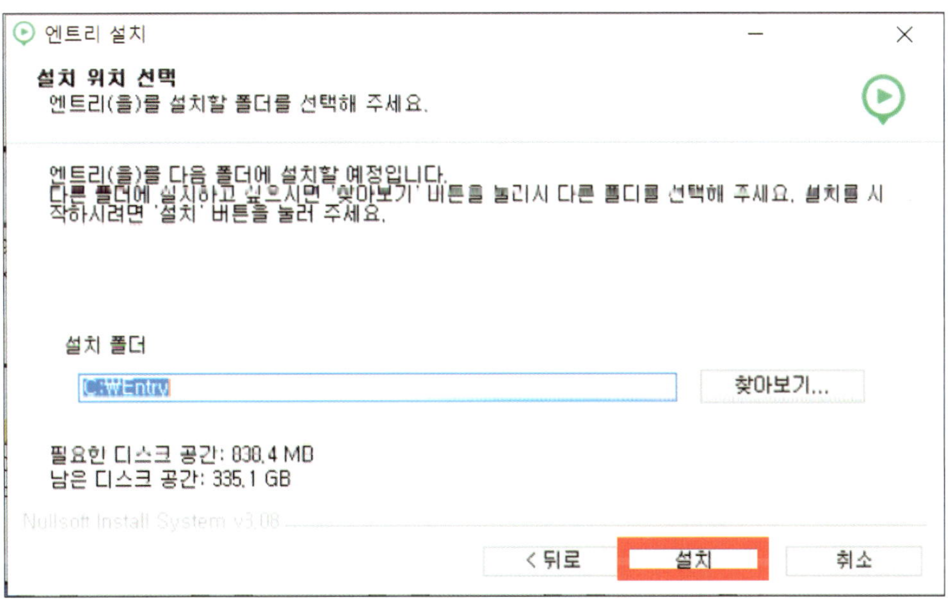

참고

설치폴더를 변경하고 싶은 경우, 경로를 선택하고 확인을 누르면 된다.

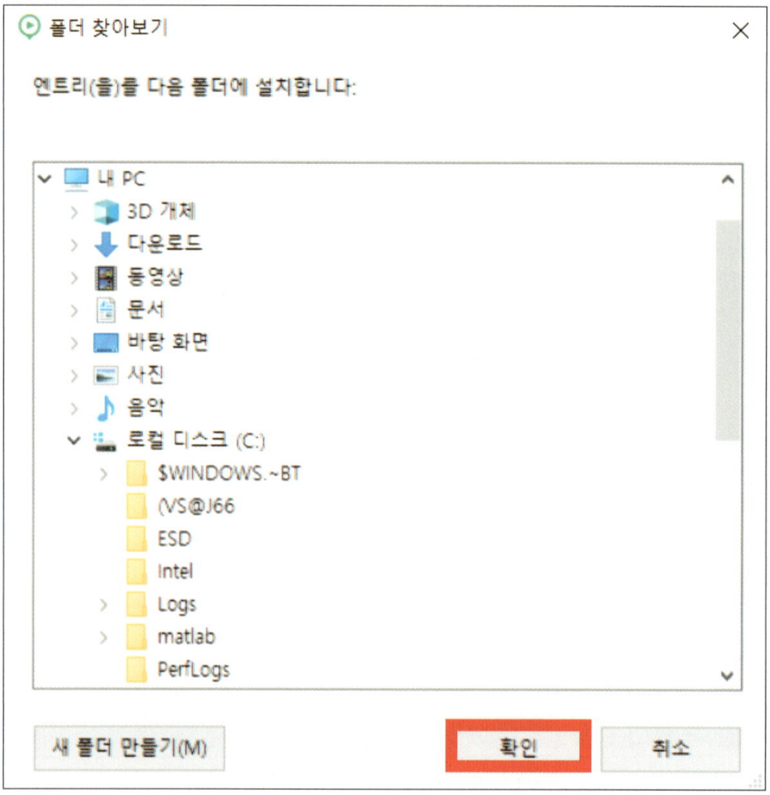

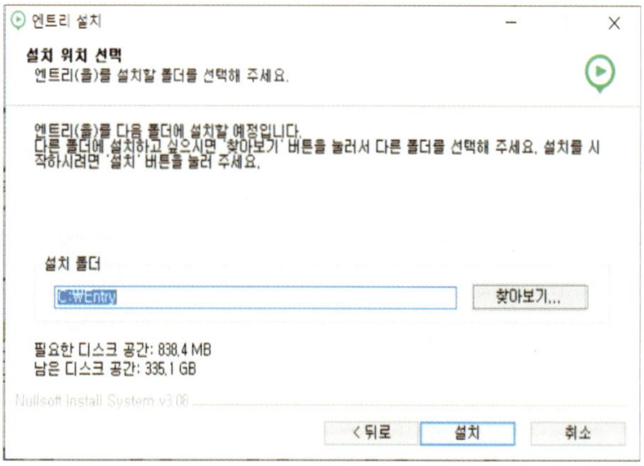

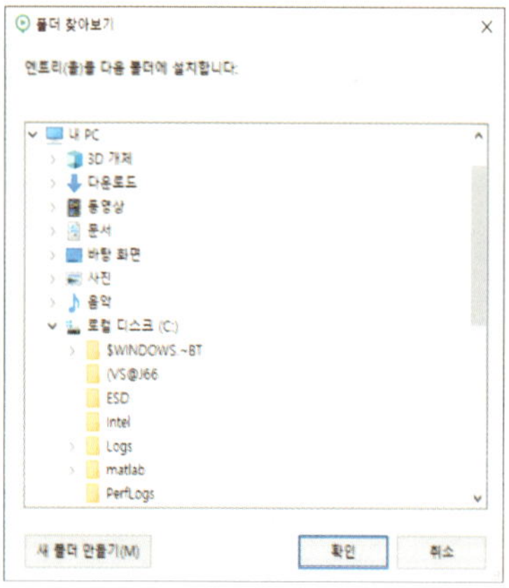

[다음]을 누른다.

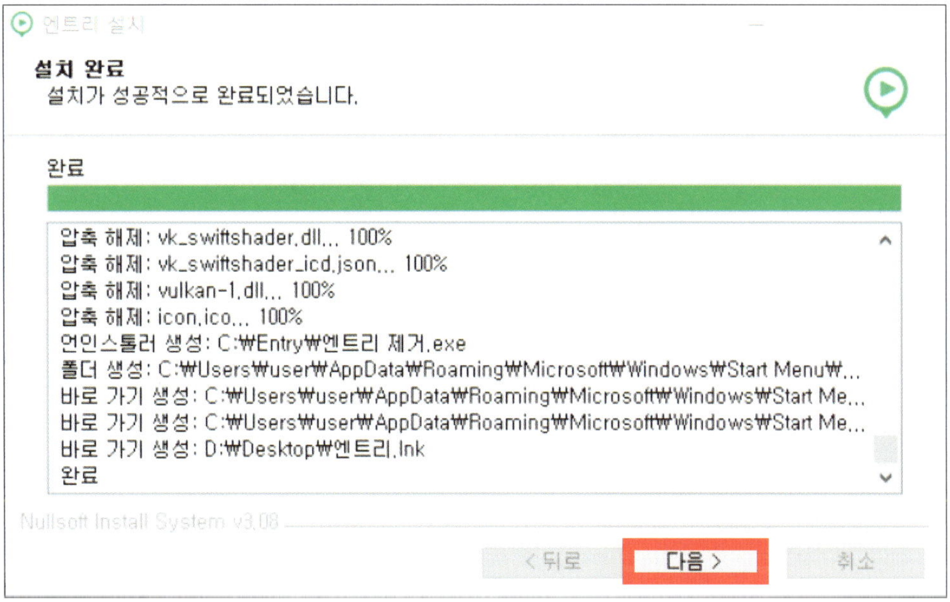
엔트리 설치
설치 완료
설치가 성공적으로 완료되었습니다.
완료
압축 해제: vk_swiftshader.dll... 100%
압축 해제: vk_swiftshader_icd.json... 100%
압축 해제: vulkan-1.dll... 100%
압축 해제: icon.ico... 100%
언인스톨러 생성: C:₩Entry₩엔트리 제거.exe
폴더 생성: C:₩Users₩user₩AppData₩Roaming₩Microsoft₩Windows₩Start Menu₩...
바로 가기 생성: C:₩Users₩user₩AppData₩Roaming₩Microsoft₩Windows₩Start Me...
바로 가기 생성: C:₩Users₩user₩AppData₩Roaming₩Microsoft₩Windows₩Start Me...
바로 가기 생성: D:₩Desktop₩엔트리.lnk
완료
Nullsoft Install System v3.08
< 뒤로
다음 >
취소

05 엔트리 실행하기에 체크(V) 후 마침을 누른다.

[기본형] 후 확인버튼을 누른다.

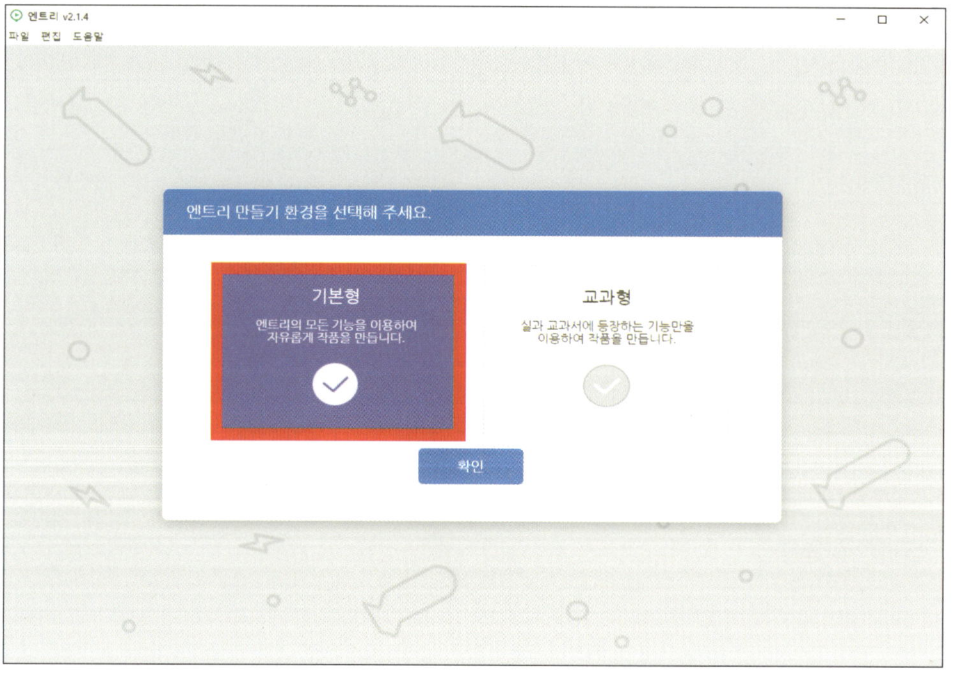

2. 엔트리 사용하기(온라인)

01 검색창에 'https://playentry.org' 혹은 [엔트리] 검색하여 홈페이지에 접속한다.

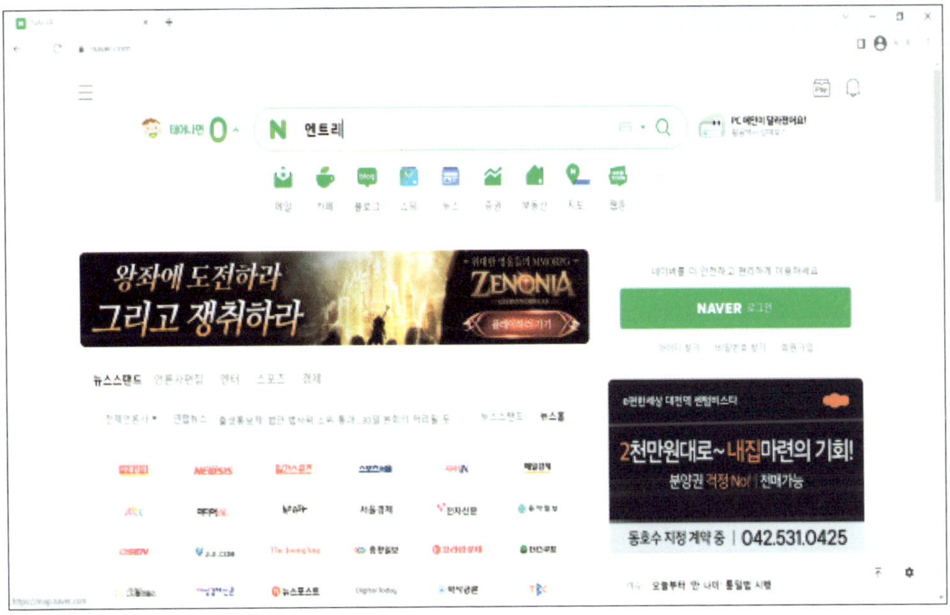

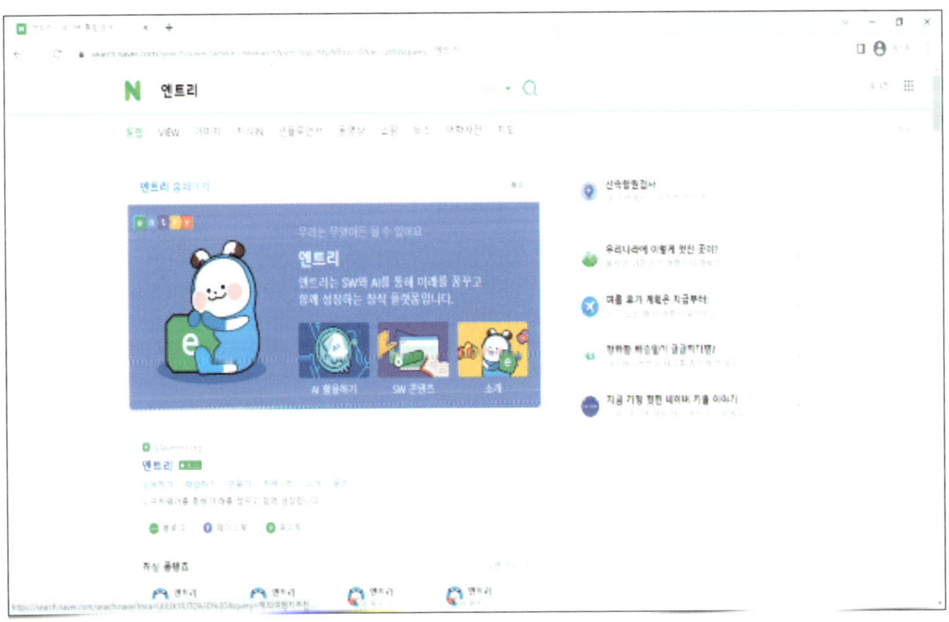

02 [만들기] 〉 [작품 만들기]를 클릭한다.

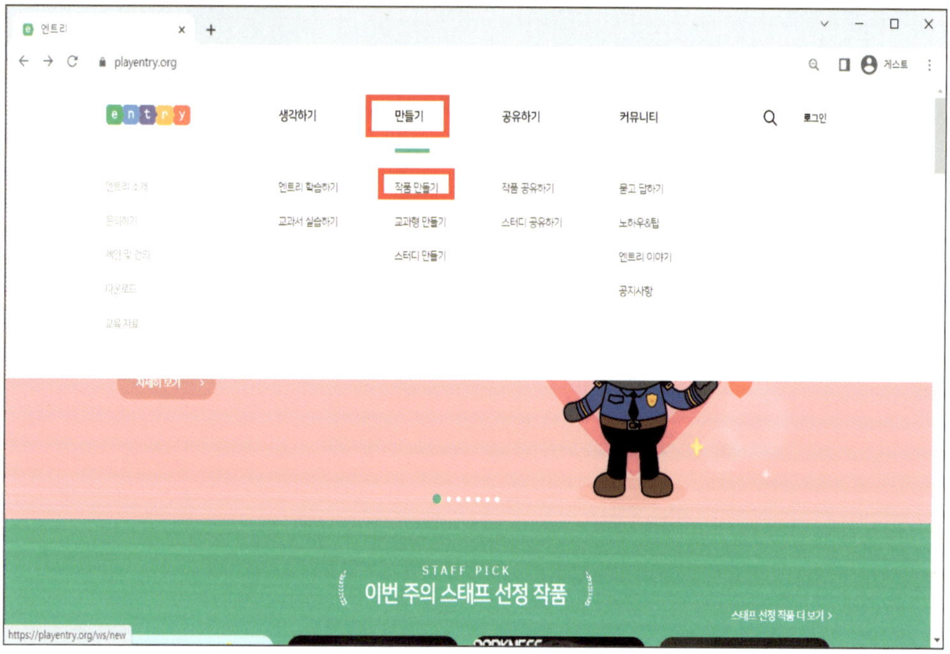

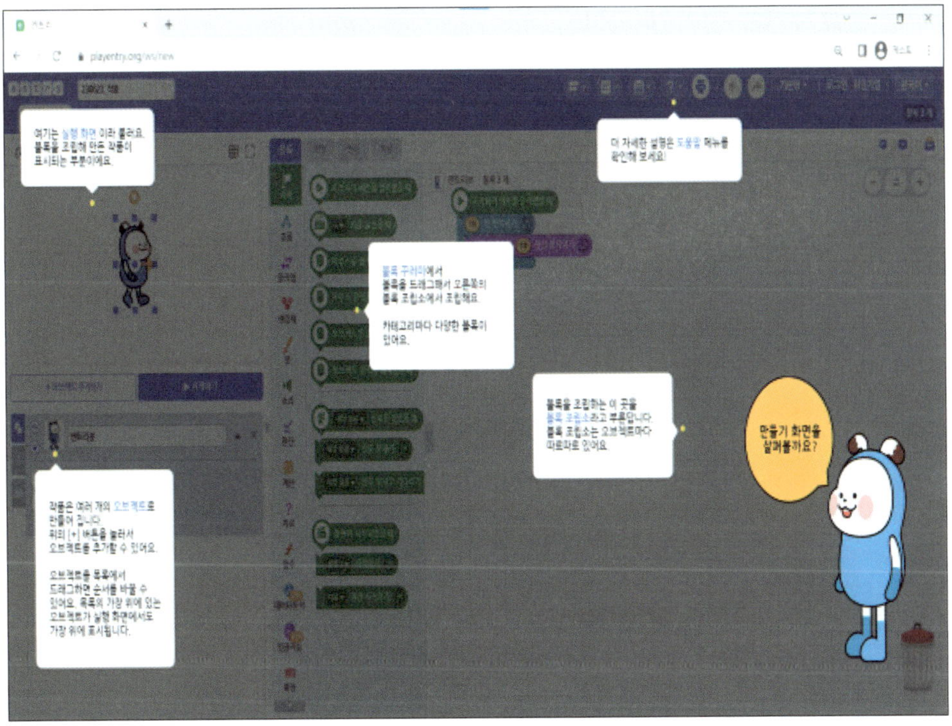
여기는 실행 화면 이라 불러요.
블록을 조립해 만든 작품이 표시되는 부분이에요.
더 자세한 설명은 도움말 메뉴를 확인해 보세요!
블록 꾸러미에서 블록을 드래그해서 오른쪽의 블록 조립소에서 조립해요.
카테고리마다 다양한 블록이 있어요.
블록을 조립하는 이 곳을 블록 조립소라고 부릅니다.
블록 조립소는 오브젝트마다 따로따로 있어요.
만들기 화면을 살펴볼까요?
작품은 여러 개의 오브젝트로 만들어 집니다.
위의 [+] 버튼을 눌러서 오브젝트를 추가할 수 있어요.
오브젝트를 목록에서 드래그하면 순서를 바꿀 수 있어요. 목록의 가장 위에 있는 오브젝트가 실행 화면에서도 가장 위에 표시됩니다.

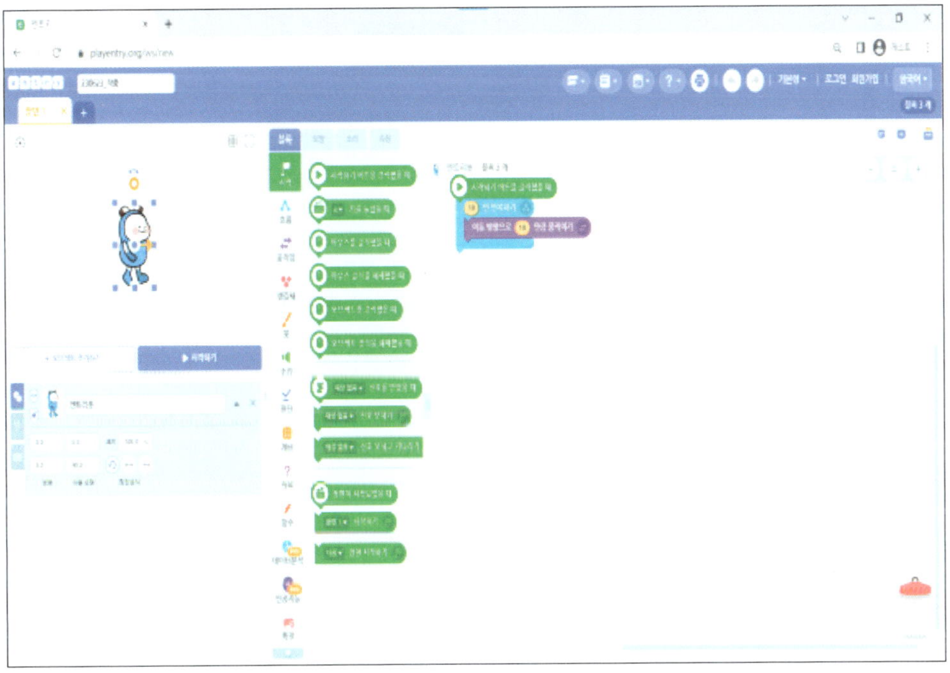

오프라인과 온라인 차이점

오프라인 프로그램의 경우, 인터넷이 연결되지 않아도 사용할 수 있으며, 별도의 로그인이 필요없다. 온라인에서는 반드시 인터넷이 연결되어야 하고, 인터넷브라우저를 통하여 사용 가능하며, 인터넷브라우저에 따라 약간의 해상도 차이가 있다.

– 오프라인

– 온라인

기본형 - 교과형 전환하기

기본형은 엔트리의 모든 기능을 자유롭게 사용하여 작품을 만들 수있으며, 교과형은 실과 교과서에 등장하는 기능만 이용하여 작품을 만들 수 있다.

- 처음 엔트리 설치 시 환경설정

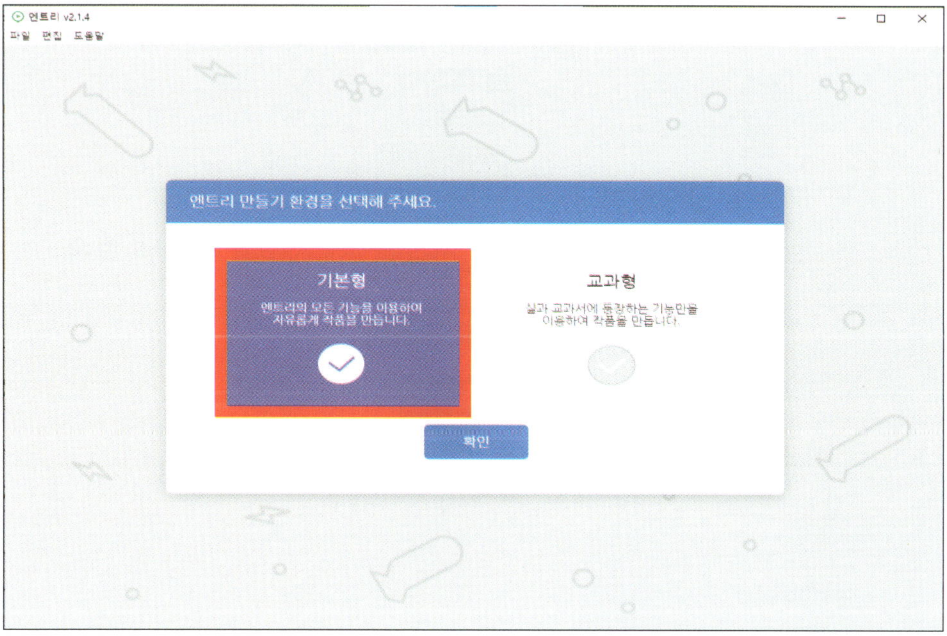

- 사용 중 환경설정 변경

STEP 2 기본화면 구성 알아보기

① **상단메뉴**

왼쪽 상단에는 파일/편집/도움말 다음 3가지가 있다. 파일은 새로만들기, 혹은 오프라인 작품 불러오기, 저장하기, 복사본으로 저장하기(다른이름으로 저장하기), 종료가 있다.

편집은 되돌리기, 다시실행, 자르기, 복사, 붙여넣기와 같은 기능들이 있으며, 버튼을 누르기보다는 블록을 잡고 단축키를 사용하는 편이 빠른 작업을 할 수 있다.

도움말은 엔트리 정보로 버전과 홈페이지 링크를 확인할 수 있다.

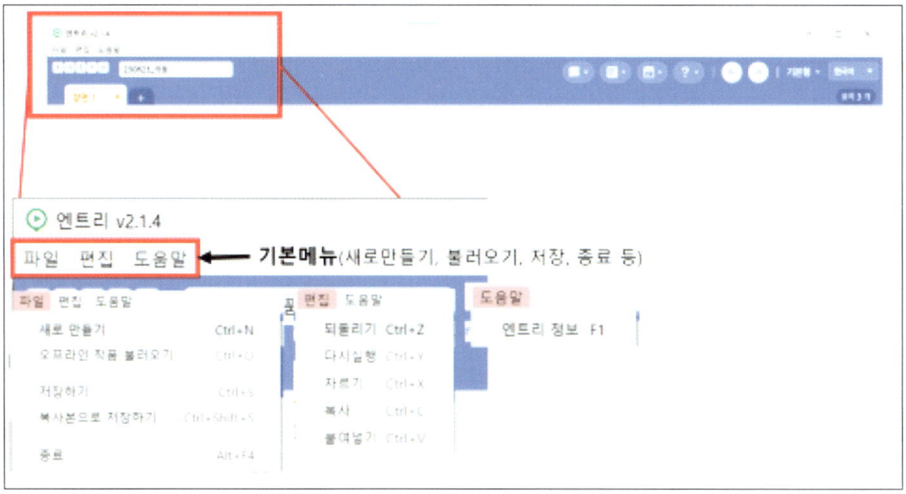

하단에는 작품이름(파일명)과 장면 전환이 가능한 탭이 있다. 작품이름은 기본적으로 '년월일_작품'로 되어있으며, 장면의 경우 장면1, 장면2, 등이 기본적으로 지정되어있다.

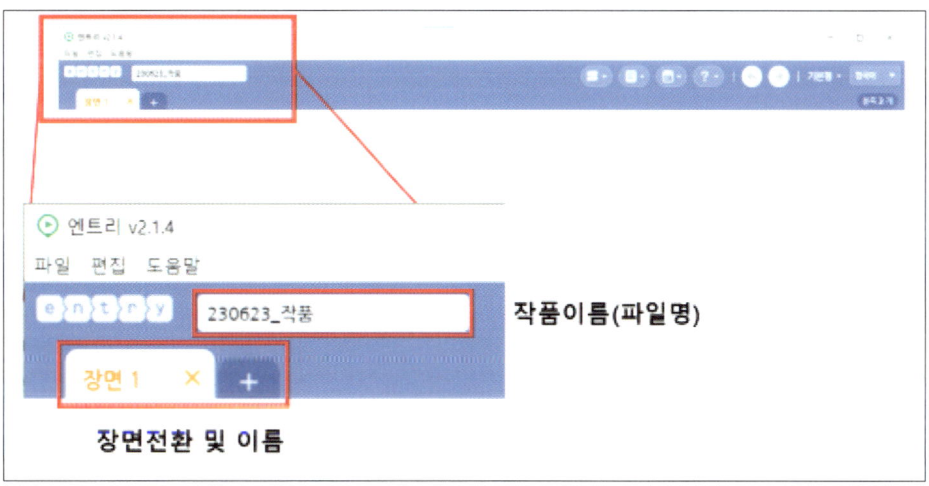

오른쪽 상단의 경우, 코드방식(블록코딩, 엔트리 파이썬)과 새로만들기, 저장하기, 블록 도움말과 이전작업, 다음작업 버튼, 엔트리 작업형과 언어 및 사용하고 있는 블록 개수를 보여준다.

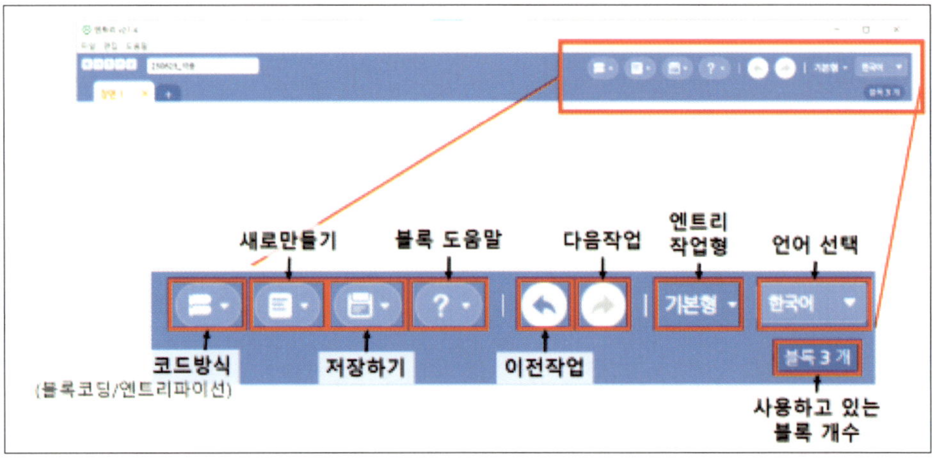

- **블록 도움말**

  블록꾸러미 내 블록 중 자신이 궁금한 블록을 선택하면, 해당 블록의 설명이 나온다.

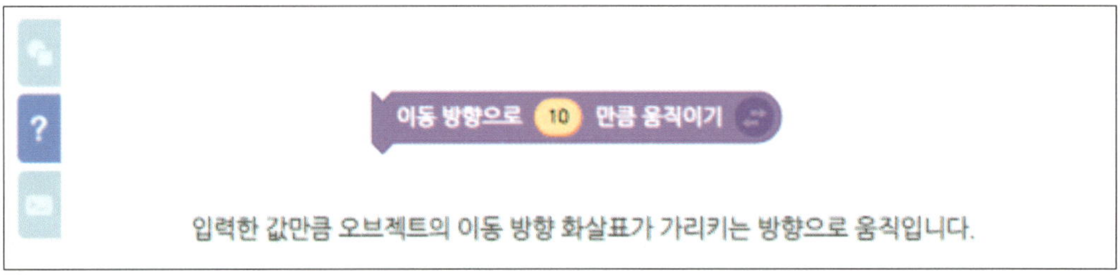

② 실행화면

속도 조절
속도조절
마우스포인터의 좌표
장면을 좌표로 표시
X : 117.3, Y : -62.2
장면 최대화
장면창과 블록조립소 크기 조절
+ 오브젝트 추가하기
▶ 시작하기
오브젝트 추가
명령 프로젝트 시작/정지
오브젝트 추가하기
엔트리봇 친구들
(1)엔트리봇
(2)엔트리봇
(3)엔트리봇
달리기하는 엔트
도령 엔트리봇
이끄러진 엔트리봇
보드타는 엔트리봇
부딪힌 엔트리봇
블록왕 엔트리봇
전체 (0)
추가

③ **오브젝트**

오브젝트의 위치, 회전, 중심점, 크기조절, 이동방향은 다음과 같다.

④ **블록꾸러미** / ⑤ **블록조립소**

① 코드에서 내린 명령대로 오브젝트가 실행화면 안에서 움직인다.

② 시작하기를 클릭하여 오른쪽 블록 조립소 안에서 조립한 코드가 실행하도록 한다.

③ 블록꾸러미의 블록들을 드래그하여 블록 조립소 안에서 조립을 시작한다.

STEP 3 기본 메뉴 알아보기

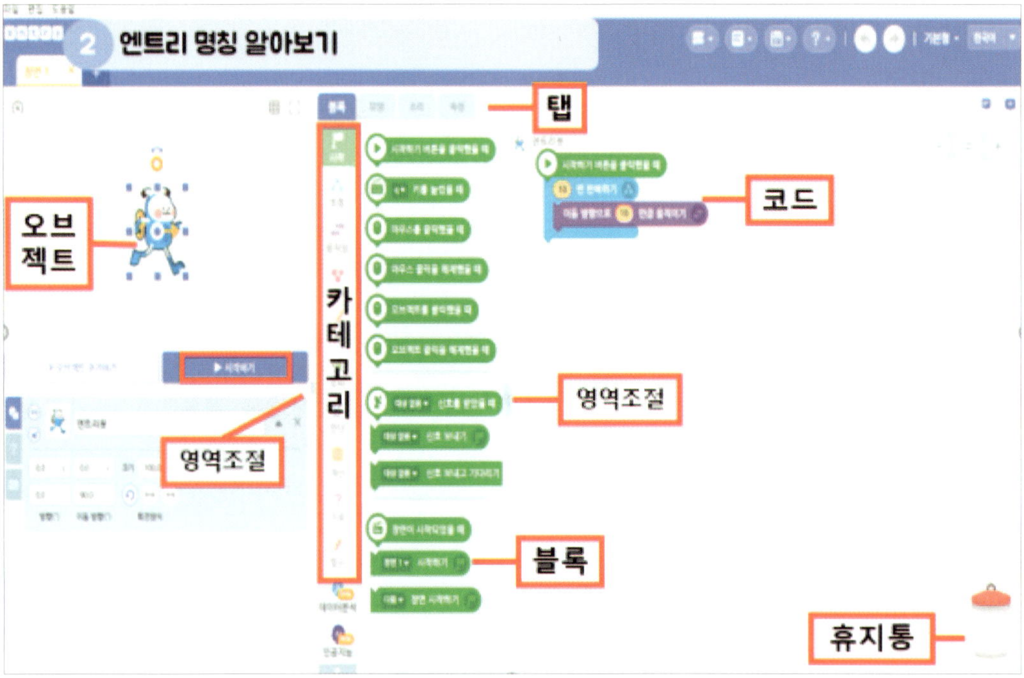

① **오브젝트** : 배경, 캐릭터 등 명령어 코드를 넣을 수 있는 모든 것을 말한다.

② **영역조절** : 오브젝트, 블록 꾸러미, 블록 조립소 각 화면의 비율을 조절한다.

③ **카테고리** : 블록, 모양, 소리, 속성 탭 내 하위속성을 나타낸다.

④ **탭** : 블록, 모양, 소리, 속성 탭으로 카테고리를 옮길 수 있다.

⑤ **블록** : 명령어

⑥ **코드** : 블록을 조합하여 만들 수 있다.

⑧ **휴지통** : 잘못작성한 코드나 불필요한 블록을 끌어와 지울 수 있다.

오브젝트

엔트리에서 명령어 코드를 사용할 수 있는 대상으로, 캐릭터, 배경, 글상자 등이 있다.

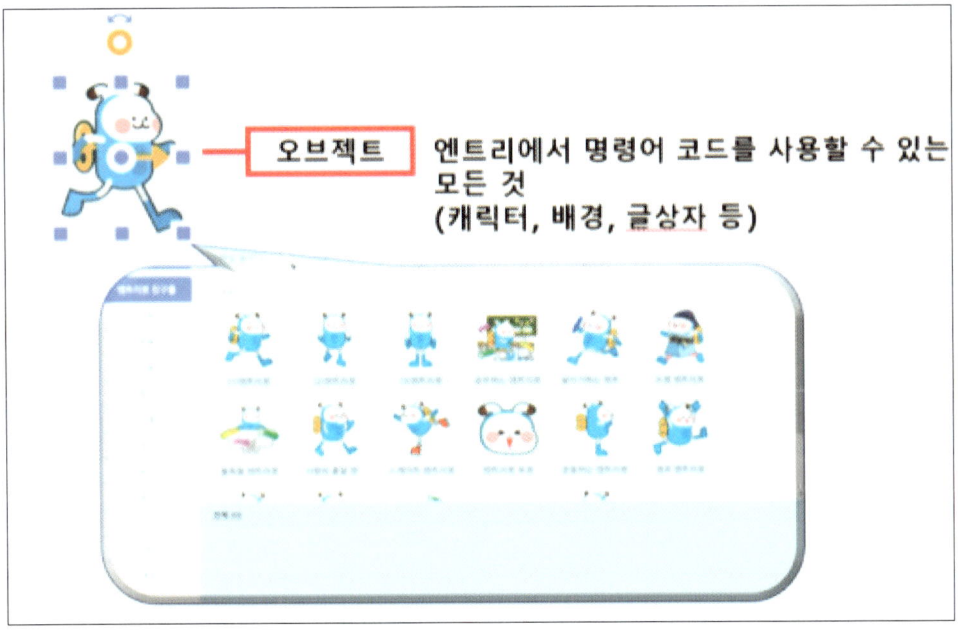

오브젝트의 위치, 회전, 중심점, 크기조절, 이동방향에 대해 알아본다.

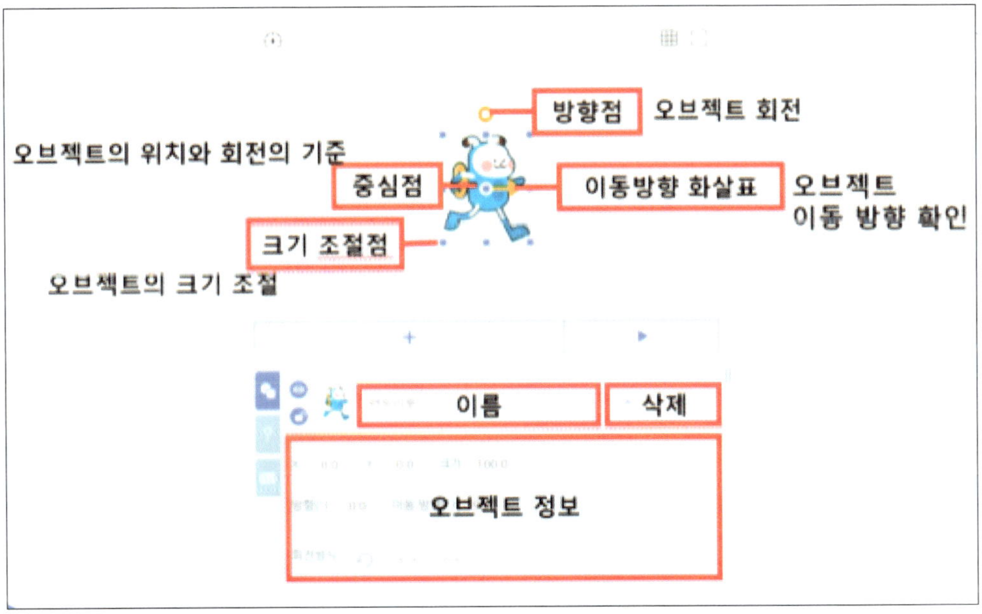

오브젝트 추가하기

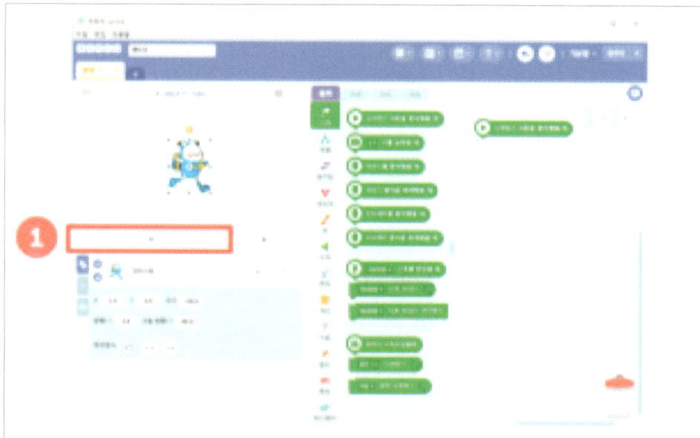	+ 버튼을 누른다.
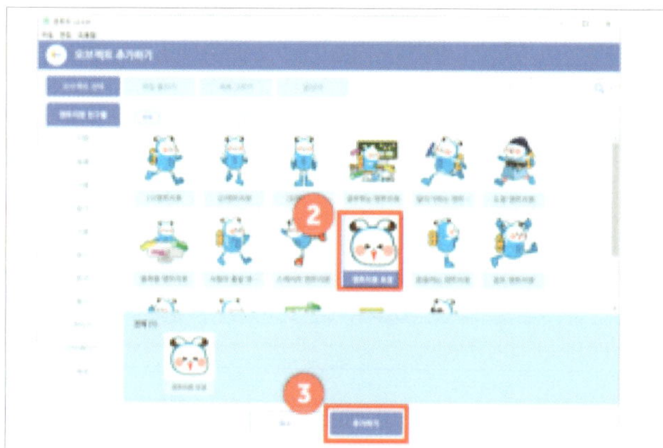	원하는 오브젝트를 선택 후 [추가하기]를 누른다.

실행화면의 다양한 기능을 알아본다.

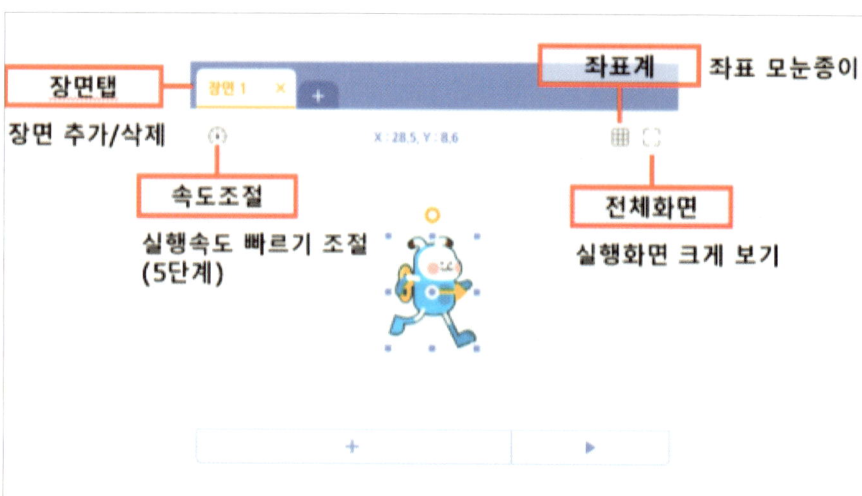

탭 살펴보기

① **블록 탭**
다양한 명령어 블록들의 모음

② **모양 탭**
오브젝트의 움직임을 수정하거나 모양을 추가

③ **소리 탭**
오브젝트에 소리 넣기

④ **속성 탭**
전체, 변수, 신호, 리스트, 함수에 관한 속성을 추가/삭제

① 블록 탭

다양한 명령어 블록들이 존재하며, '시작', '흐름', '움직임', '생김새', '붓', '소리', '판단', '계산', '자료', '함수'와 인공지능 부분인 데이터분석, 인공지능, 그리고 확장, 피지컬컴퓨팅과 연결할 수 있는 하드웨어로 구분된다.

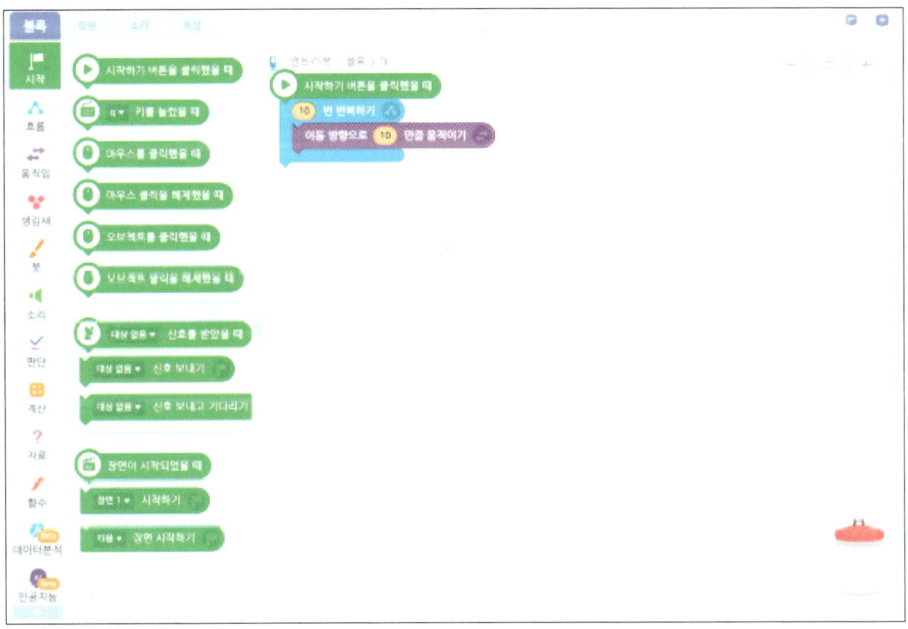

② 모양 탭

오브젝트의 움직임을 수정하거나 장면을 추가하는 등 모양에 관련된 작업을 진행할 수 있다.

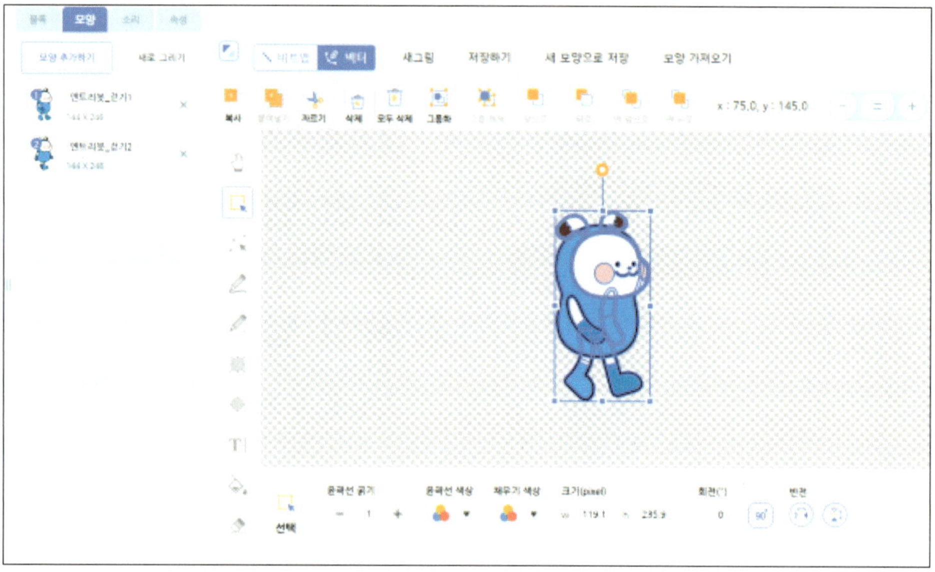

③ 소리 탭

오브젝트에 소리를 넣는 작업을 진행하는 탭이다.

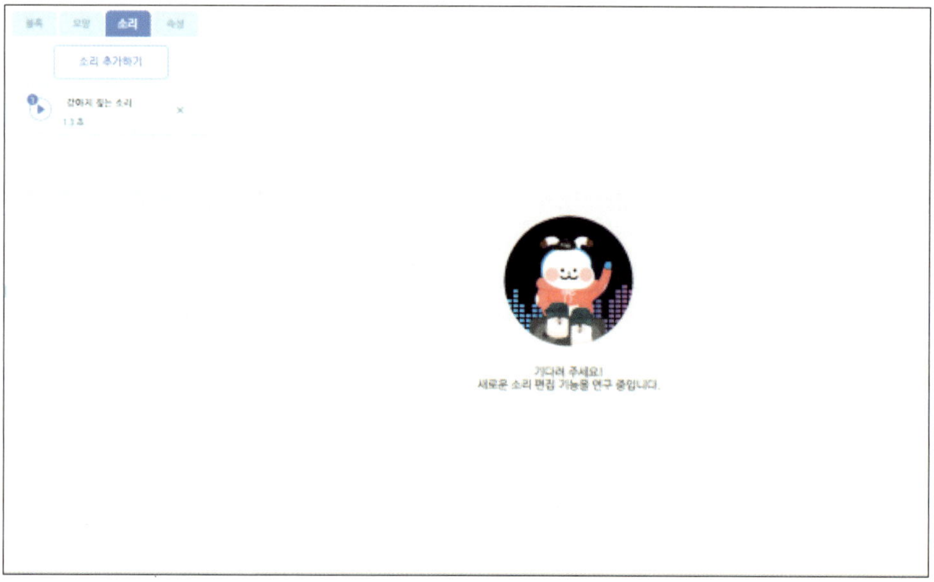

④ **속성 탭**

변수, 신호, 리스트, 함수 등을 나만의 맞춤형으로 제작할 수 있다.

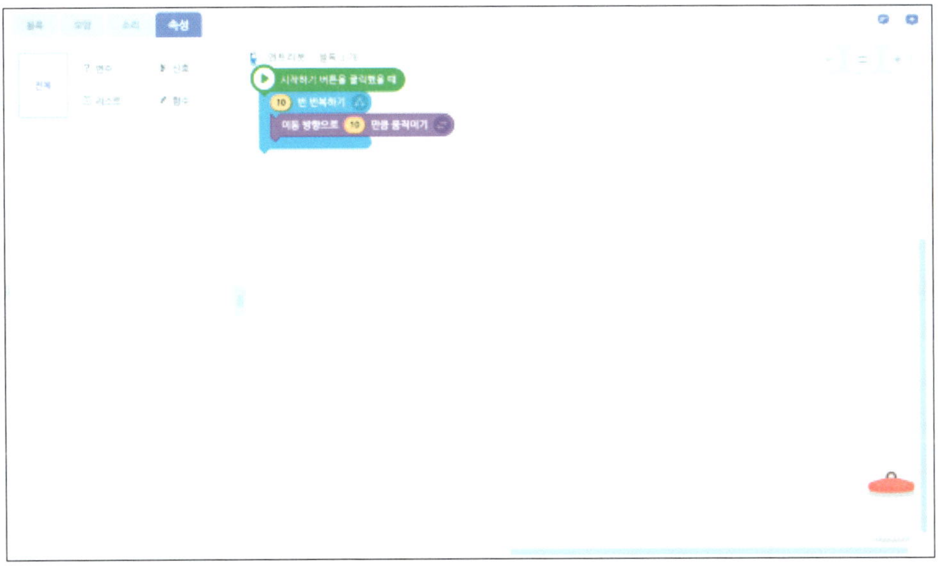

2. 미로_보물을 찾아라

CHAPTER 2

미로_보물을 찾아라

학습목표

이동방향을 이용하여 방향키를 코딩해 본다.
조건의 개념을 이해하고 사용해 본다.

엔트리봇이 미로의 길을 조심히 방향키를 사용하여 이동하고 길을 잘 찾아서 보물을 찾아보도록 하세요.
중간에 새로운 장애물과 아이템이 생길 수 있으니 조심해서 보물을 찾아볼까요?

필요한 오브젝트

미로	그라데이션	엔트리봇	보물상자

실행 결과

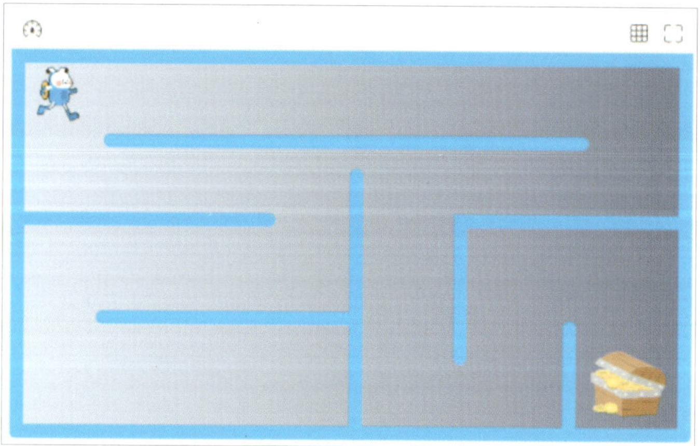

명령 블록

명령 블록		설명
	● ●	오브젝트의 이동방향을 입력한 각도로 정합니다.
	● ●	선택한 키를 누르면 아래의 명령 블록을 실행합니다.
	● ●	작품을 처음부터 다시 시작합니다.
	● ●	판단이 참이면 감싸고 있는 블록들을 실행합니다.
	● ●	이동방향 화살표가 가리키는 쪽으로 입력한 숫자만큼 이동합니다.

1) 오브젝트 창 완성하기

* [오브젝트 추가하기] 버튼을 이용하여 미로, 그라데이션 배경을 삽입하고, 보물 상자와 엔트리봇을 각 위치에 배치한다.
이 때 엔트리 봇을 미로에 닿지 않도록 크기를 바꾸어 준다.

* 기본 100%의 크기를 가집니다. 숫자를 변경하여 오브젝트의 크기를 변경하면 된다.

* 오브젝드 창의 오브젝트를 선택하여 크기조절점을 이용하여 크기를 변경한다.

2) 코딩완성하기

* 키보드의 키를 이용하여 엔트리봇 오브젝트의 움직임을 조절하는 방향키 코딩을 한다.

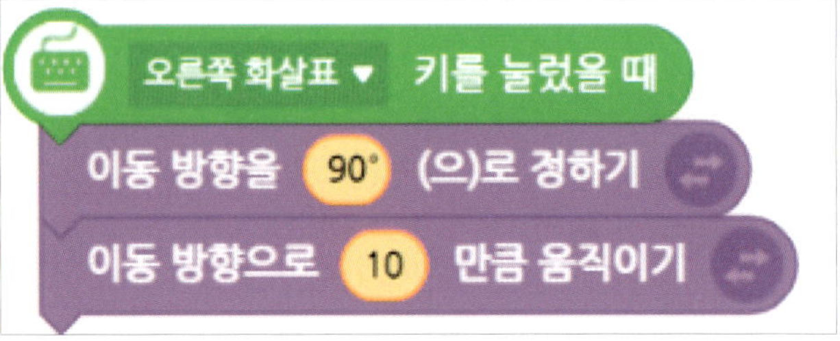

* 목록 단추를 누르면 키보드의 키의 종류가 나옵니다. 목록 중 선택하셔도 되고 목록리스트가 그림처럼 나왔을 때 실제 키보드의 키를 누르면 선택한 키로 바뀐다.

* 숫자를 선택하여 키보드를 직접 각도를 입력하여도 됩니다. 이때 숫자판의 지우기 버튼으로 각도를 지운 후 원하는 각도를 숫자판을 이용하여 입력하여도 된다.

* 파란 색 각도점을 직접 마우스로 드래그 하여 원하는 각도의 위치에 놓아도 된다.

3. 알을 지켜라

CHAPTER 3

알을 지켜라

학습목표

X, Y 좌표를 이용하여 방향키를 코딩해 본다.
변수의 개념을 이해하고 받은 개수를 세어 본다.

하늘에서 독수리가 알을 훔쳐가다 떨어트렸어요. 밑에 있던 닭을 움직여서 알이 깨지지 않도록 잘 받아 본다.
우리의 닭은 알을 몇 개나 받을 수 있을까?

필요한 오브젝트

암닭	계란	독수리	들판(4)

실행 결과

명령 블록

10 번 반복하기	입력한 횟수만큼 블록안의 명령을 실행합니다.
복제본이 처음 생성되었을때	복제본이 새로 생성 되었을 때 아래 연결된 명령 블럭을 실행합니다.
자신 의 복제본 만들기	선택된 오브젝트의 복제본을 만듭니다.
이 복제본 삭제하기	복제본이 처음 생성되었을 때 블록에 연결되어 실행되는 복제본만 삭제합니다.
점수 에 10 만큼 더하기	변수에 입력된 수만큼 더합니다.
점수 를 10 (으)로 정하기	변수 값을 입력된 수로 정합니다.

1) 오브젝트 창 완성하기

* [오브젝트 추가하기] 버튼을 이용하여 들판 배경을 삽입하고, 독수리, 계란, 암닭을 각 위치에 배치한다.

* **[모양] 탭**을 이용하여 암닭 오브젝트의 모양을 설정한다.

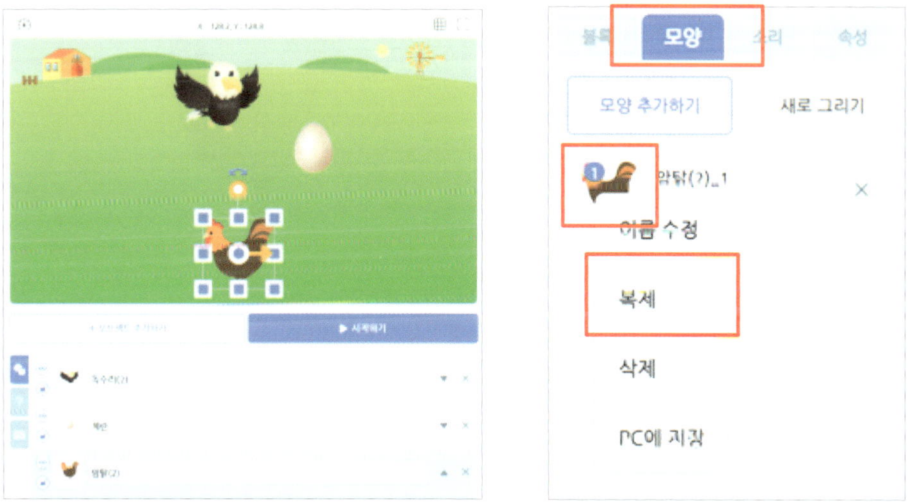

* 복제한 암닭을 선택하고 좌우반전을 이용하여 암닭의 모양을 변환하여 저장한다. 이 때 변환한 모양이 오브젝트에 적용될 수 있도록 저장을 꼭 해야 한다.

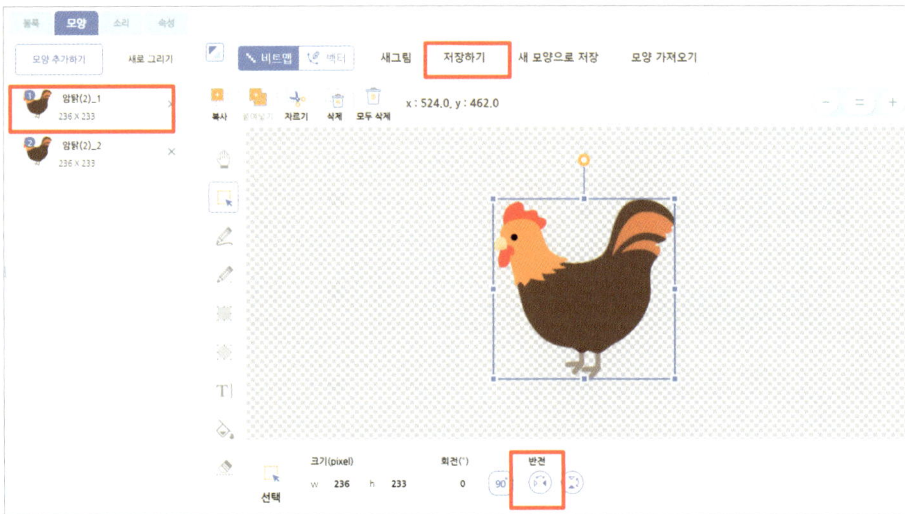

▽ 반전 시 모습

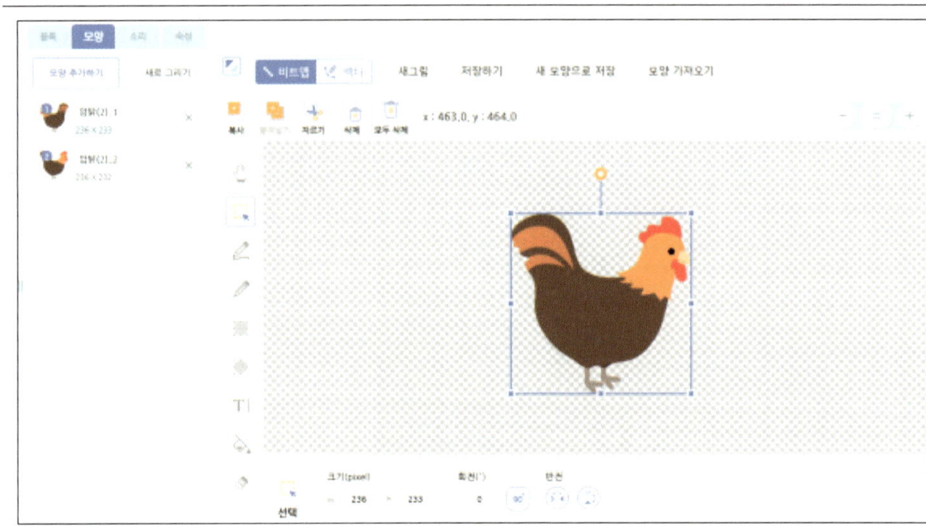

* 계란 오브젝트의 [모양] 탭을 선택하여 새로 그리기를 선택하고 모양 가져오기를 이용하여 계란 후라이와 깨진 계란을 가져온다.

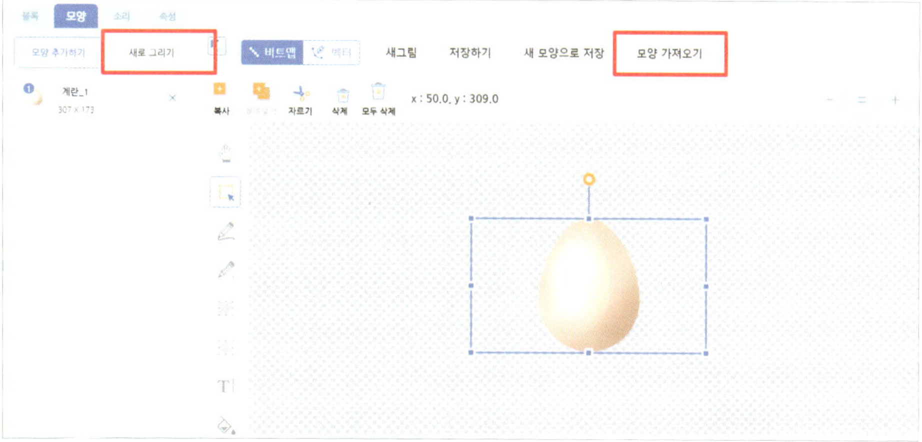

* 계란 오브젝트의 [모양] 탭에 새로 생긴 모양을 깨진 계란으로 모양 이름을 변경한다.

2) 코딩 완성하기

* 암닭 오브젝트의 방향키를 이용한 움직임을 코딩한다.

* 오른쪽 화살표키를 눌렀을 때 암닭은 오른쪽을 바라보는 모양으로 변경하고 오른쪽으로 움직이고, 왼쪽 화살표 키를 눌렀을 때 왼쪽을 바라보는 모양으로 왼쪽으로 움직이도록 코딩한다.

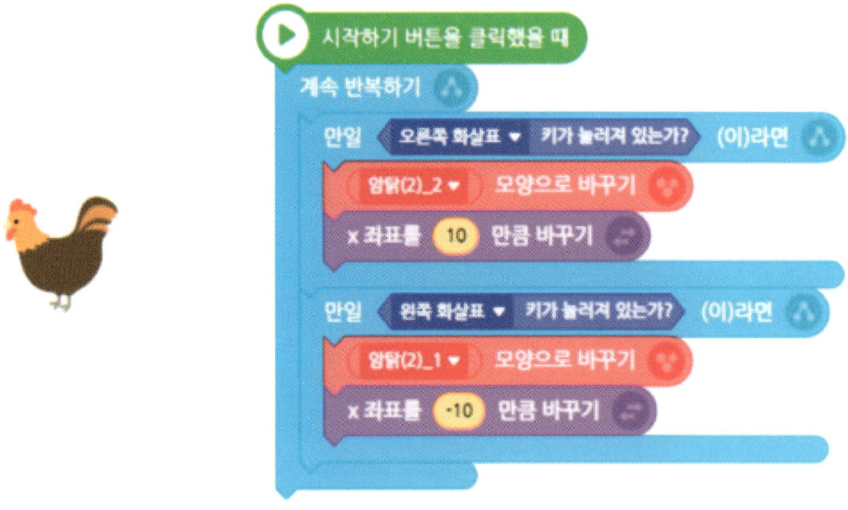

* 독수리 오브젝트가 왼쪽과 오른쪽으로 이동을 하게 코딩을 한다.
이 때 독수리가 좌우회전을 하면서 뒤집히는 것을 막기 위해서 회전방식을 변경해야 한다.

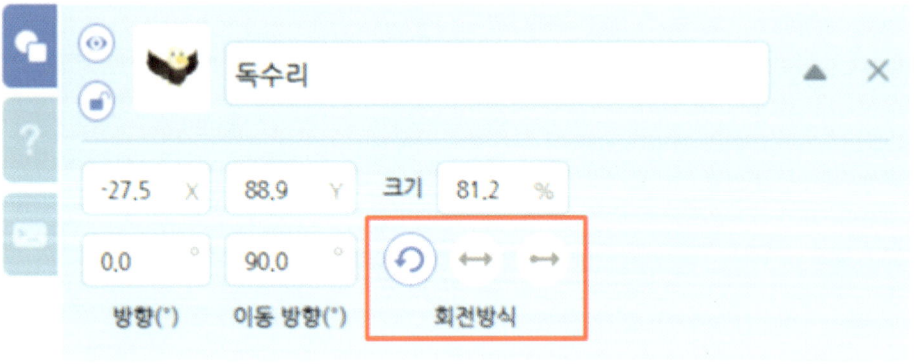

잠깐! 회전방식 설명

모든 방향 회전 방식	엔트리의 기본 회전방식으로 오브젝트의 방향과 이동방향이 모두 존재하여 벽에 닿아 튕길 때 방향이 바뀌는 회전방식
좌우 방향 회전 방식	오브젝트의 이동방향만 존재하며 방향이 없기 때문에 오브젝트를 기울일 수 없게 되고 벽에 닿아 튕길 때 좌우만 바뀌는 회전방식
회전 없음 방식	오브젝트의 이동방향만 존재하고 벽에 닿아 튕길 때 이동방향만 변화고 모양은 변화가 없는 회전 방식

* 독수리 오브젝트의 회전방식을 설정하였으면 화면을 날라 다니도록 코딩한다. 입력한 숫자를 변형하여 독수리의 이동 속도를 조절해 본다.

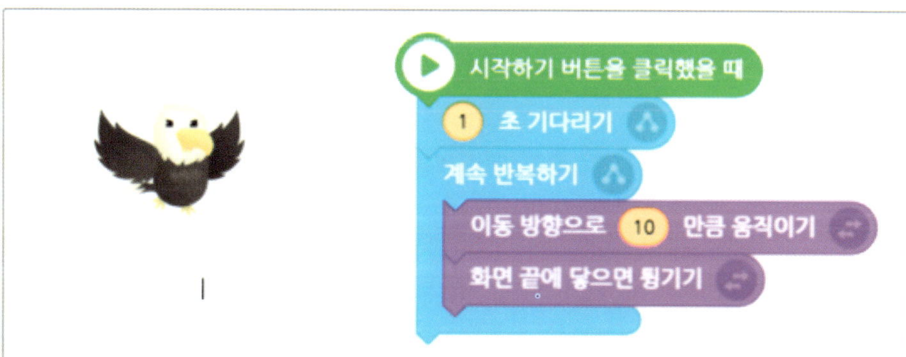

* 독수리 오브젝트가 계란 오브젝트를 들고 움직이는 것을 표현하기 위해서 계란이 독수리의 위치로 계속 위치하면 된다. 이때 계란을 발로 들고 있는 것처럼 보이기 위해선 계란 오브젝트의 중심점을 독수리의 중심점에 맞추면 된다.
  - 계란의 중심점을 독수리의 중심점으로 이동한다.

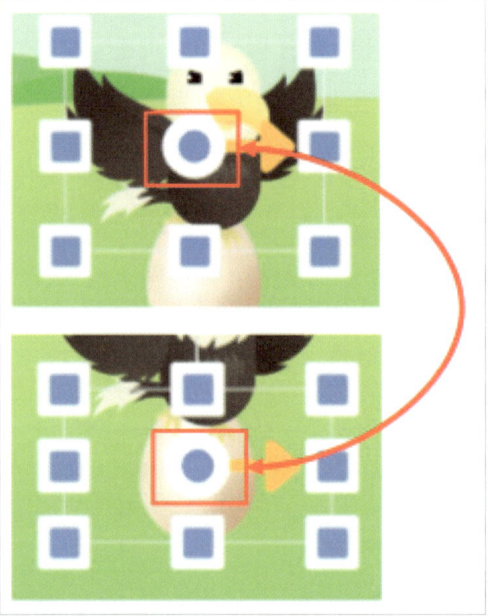

* 계란 오브젝트가 독수리를 따라 다니는 코딩을 한다.

* 계란이 떨어지게 하기 위해서 독수리가 들고 있는 원본과 아래로 떨어지는 복제본으로 구분하여 계란 원본은 계속 독수리를 따라 다니며 복제본을 만들어 준다.

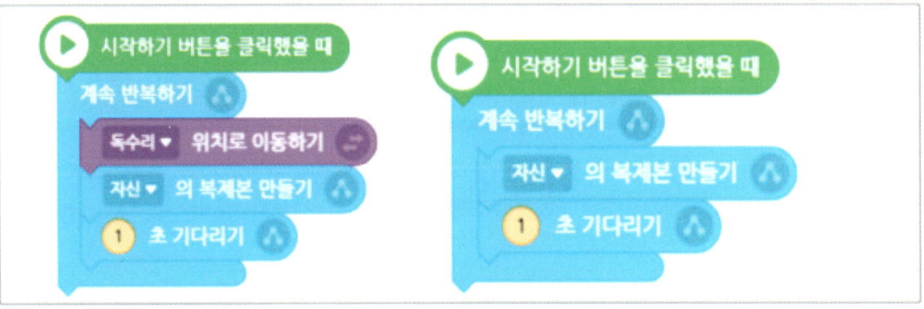

* 위의 2개의 코딩이 같은 기능을 하는 것처럼 보이지만 차이점이 있다. 한번 실행하여 확인해 본다.
  (어느 것을 사용해야 하는지 상황에 맞게 정해서 사용하시면 된다.)
* 복제본 계란이 생겨서 하늘 위에 떠 있는 것은 아직 아래로 떨어지는 코딩을 만들지 않아서이다.

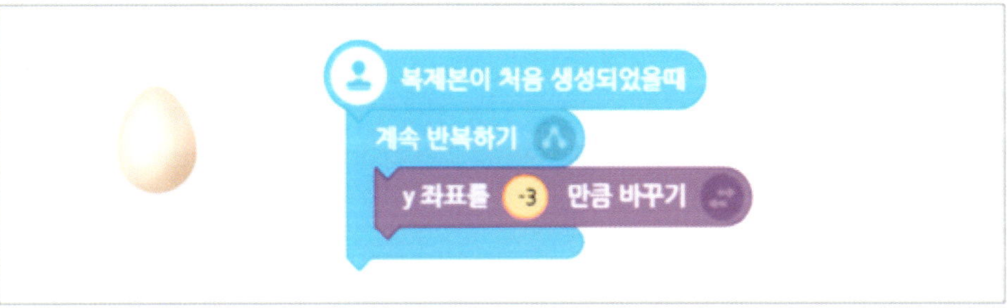

* 떨어지는 계란에 여러 가지 조건을 설정하여 변화를 코딩해야 좋을지 생각해 본다.

* 복제본 계란이 아래로 떨어지면서 만약 아래쪽 벽에 닿으면 모양을 바꾸고 바뀐 모양을 유지하기 위해서 0.1초 정도 기다렸다가 복제본을 삭제하면 된다.

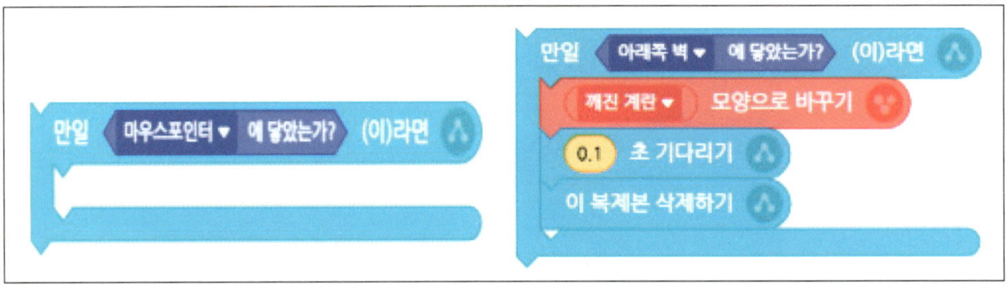

* 암닭 오브젝트가 떨어지는 계란을 받았을 때 몇 개를 받았는지 개수를 기억할 변수를 만들어 본다.

* 변수를 만들기 위해선 변수 명령 블록이 있는 [자료] 블록을 활용하여 변수를 만들거나 [속성]탭을 이용하여 변수를 추가하여 만들어 사용하면 된다.

잠깐! 변수 설명

이때 여기서 변수라 하면 어떤 정해져 있지 않은 임의의 수나 값을 나타내기 위한 문자나 기호 같은 것으로 값이 변하는 수를 기억하기 위한 문자나 기호를 **변수**라 생각하면 된다. 간단히 정의하면 변화하는 수나 값을 기억하기 위한 그릇과 같은 것으로 문자나 숫자 기호로 이름을 주고 만들면 된다.

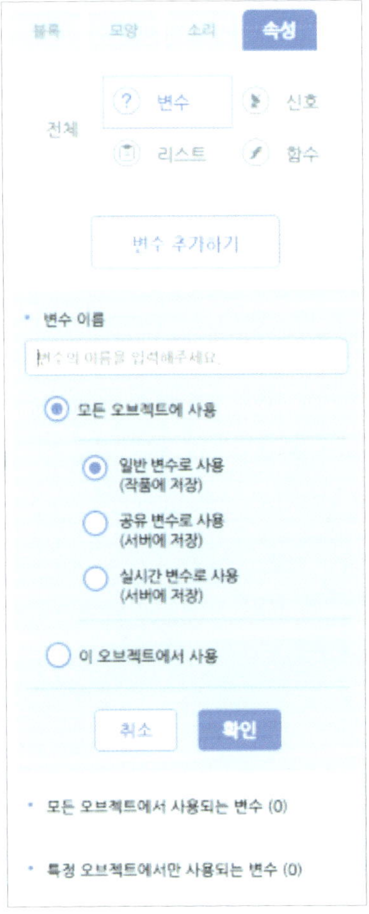

1. **변수의 이름** : 변수의 이름을 문자, 숫자, 특수문자로 정의하면 된다.

2. 변수를 누가 사용할지를 설정한다.
   [모든 오브젝트에 사용]은 하나의 변수를 오브젝트 창에 나와있는 모든 오브젝트가 사용할 수 있도록 설정하는 것이다.

   [이 오브젝트에서 사용]은 선택된 오브젝트에서 변수를 만들면 그 오브젝트에서만 변수를 사용할 수 있도록 설정한 것이다.

   [일반 변수] : 평범한 변수로 한번 실행될 때 변수

   [공유 변수] : 사용자 한명 뿐만 아니라 모든 사용자에게 공유될 수 있는 변수

   [실시간 변수] : 서버에 저장되어 실시간으로 다른 사람들에게 보이는 변수

* 사용 목적에 따라서 변수를 만들면 [자료] 블록에 새로운 변수와 관련된 블록이 생긴다.

* 복제본 계란이 암닭에 닿으면 개수를 1만큼 더하는 코딩을 해본다.

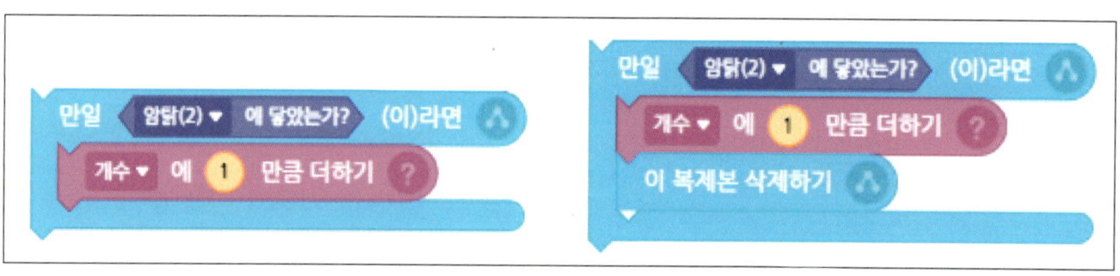

* 앞의 명령 블록으로 코딩을 하면 한개의 계란이 닭에 닿았을 때 개수변수에 1만큼을 더하는데 암닭 오브젝트의 등부터 다리까지 내려오는 동안 조건이 계속 적용되어서 개수변수에 많은 수가 더해지게 된다. 그래서 뒤의 명령 블록처럼 변수에 값을 더한 다음 복제본을 삭제하면 한번에 '개수' 변수에 1만큼만 더하고 바로 복제본이 삭제된다.

– 암닭이 계란을 많이 받을 수 있도록 움직여보자!

〈계란 20개 받기〉

더 생각해보기

* 초시계를 두어서 일정 시간 동안 몇 개의 계란을 받을 수 있는지 코딩하기
* 받아야 되는 것과 받지 말아야 하는 것을 구분하여 받아 보도록 코딩하기

4. 피아노 연주

CHAPTER 4

피아노 연주

학습목표

소리 블록의 기능을 이해하고 피아노를 만들어 본다.
오브젝트를 클릭했을 때 피아노를 연주하도록 코딩한다.

도레미파솔~~ 피아노 연주
작은 피아노에서 커다란 피아노까지 다양한 악기들이 있다. 나만의 피아노를 만들어서 내가 좋아하는 곡을 연주하기.

필요한 오브젝트

피아노 건반	피아노 건반		

실행 결과

명령 블록

1) 오브젝트 창 완성하기

* [오브젝트 추가하기] 버튼을 이용하여 피아노 배경을 삽입하고, 피아노 건반을 각 위치에 배치하기.

* **[모양] 탭**을 이용하여 피아노 건반의 위치에 맞게 모양을 설정하기.

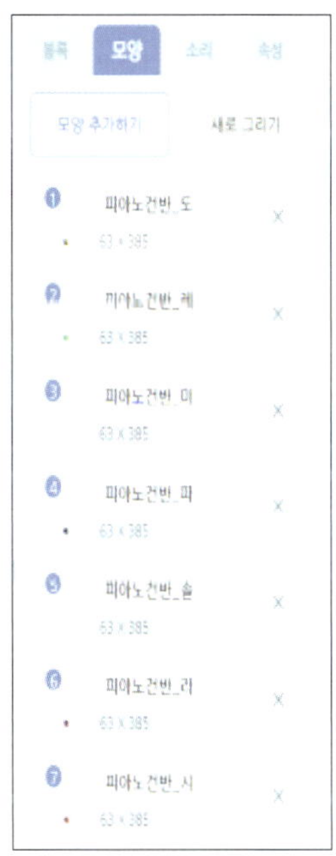

* 각 피아노 건반 오브젝트에 [소리] 탭의 [소리 추가하기] 버튼을 클릭하여 건반에 맞는 악기의 소리 '피아노_04도'를 추가하기

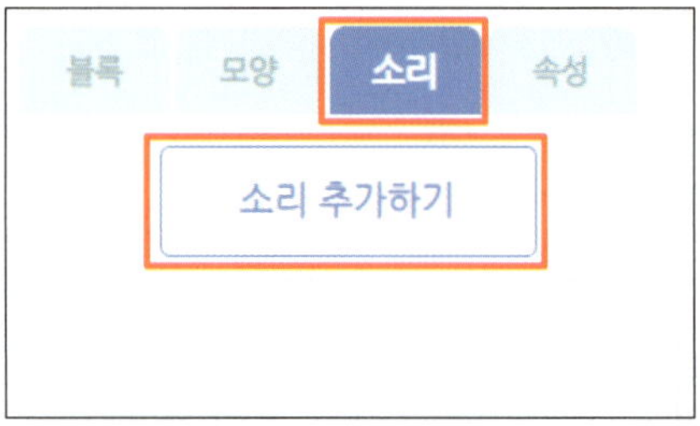

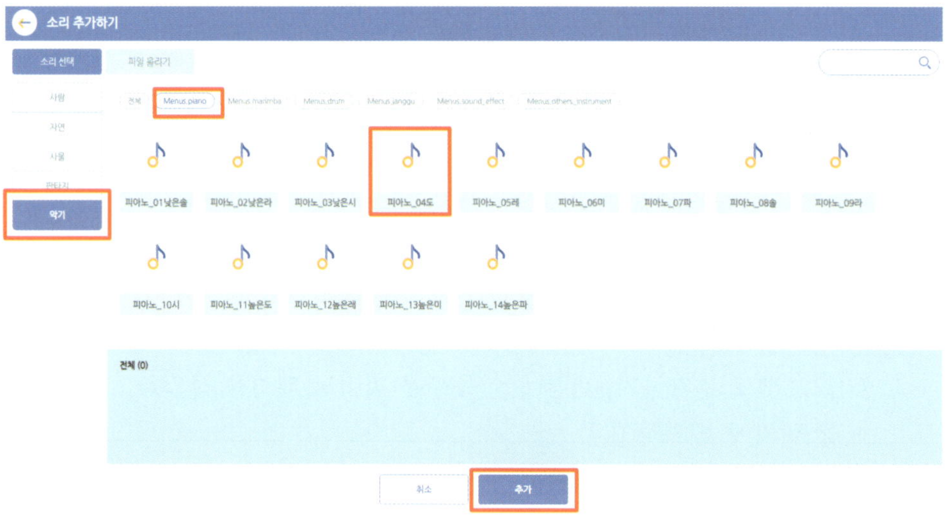

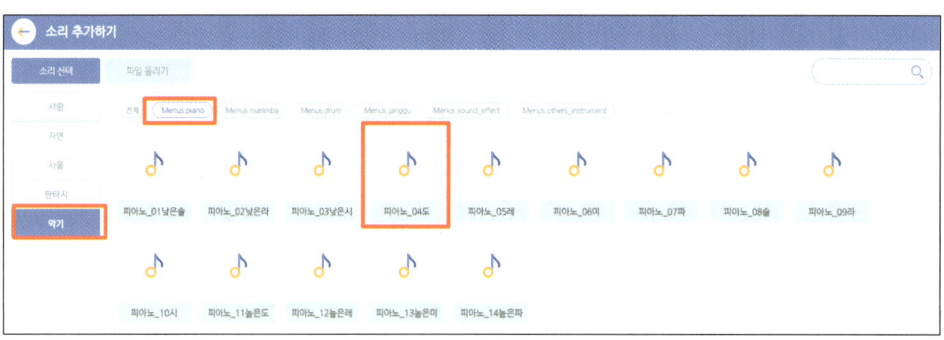

2) 코딩 완성하기

* 피아노 건반 오브젝트에 각 기능을 코딩하기.
* [시작] 블록의 오브젝트를 클릭했을 때와 [소리] 블록의 소리 재생하기를 이용하여 건반을 클릭했을 때 음소리가 재생할 수 있도록 코딩하기.

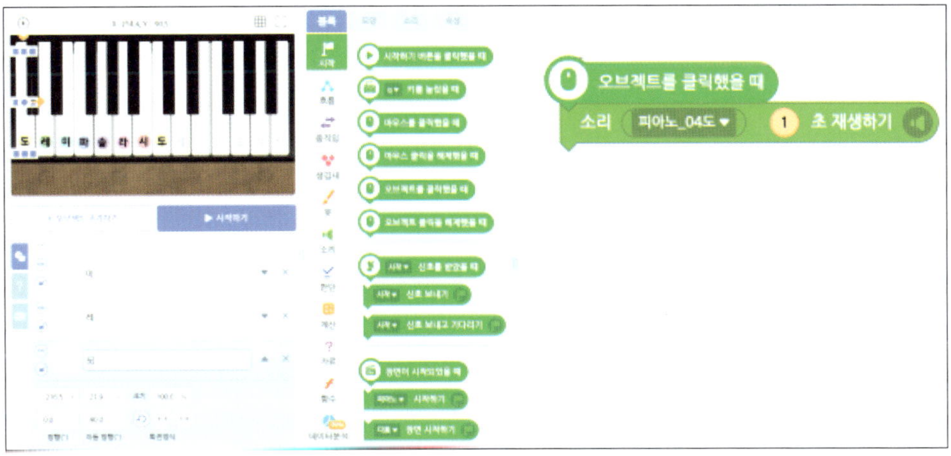

* [마우스 클릭했을 때] 블록은 마우스포인터의 위치와 무관하게 어느 곳에서나 마우스의 왼쪽 버튼을 클릭했을 때 실행하는 것을 코딩하기.
* [오브젝트 클릭했을 때] 블록은 마우스포인터가 오브젝트 위에 위치해서 마우스의 왼쪽 버튼을 클릭했을 때 실행하는 것을 코딩하기.
* 피아노 건반을 클릭했을 때 실행되는 생김새의 변화를 코딩하기.

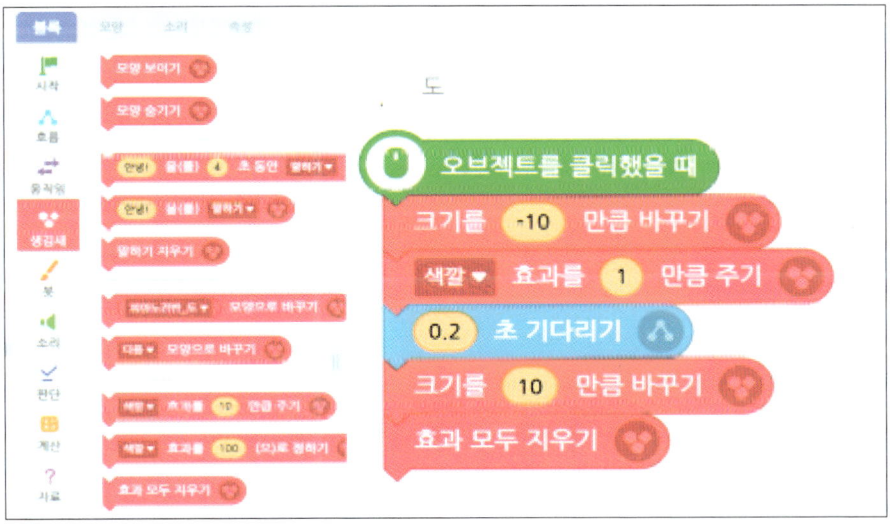

– 피아노의 8개 건반을 모두 완성하기.

〈악보를 보며 모두 연주하기〉

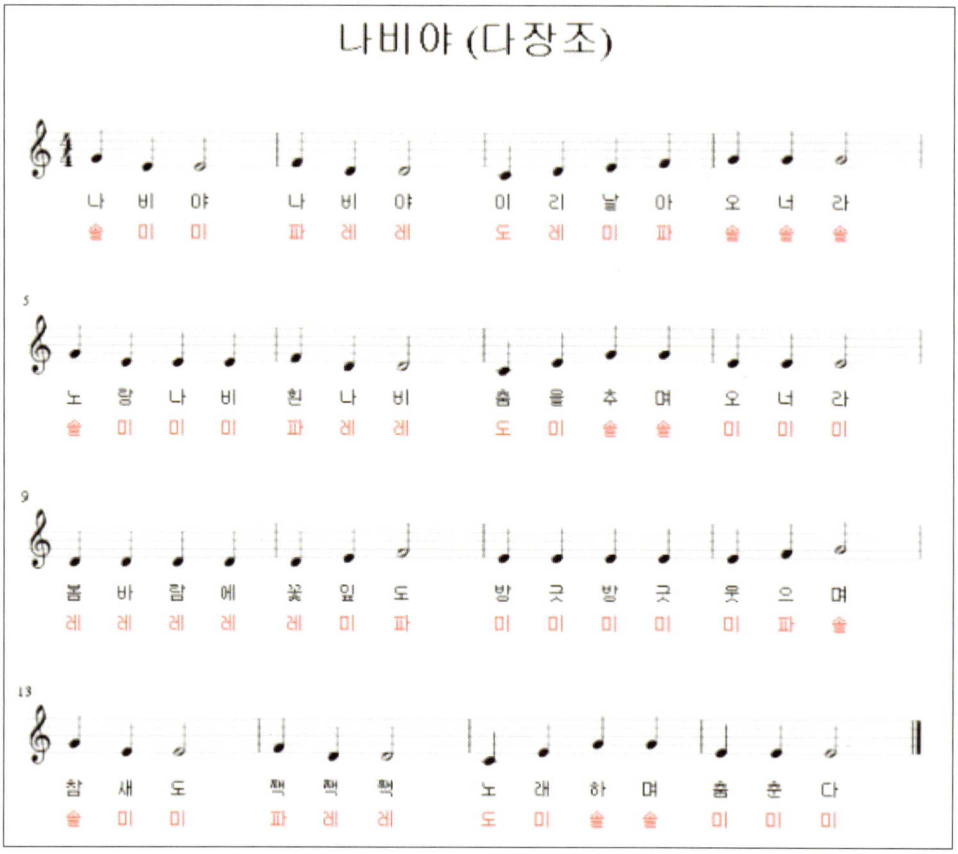

더 생각해보기

* 실로폰 소리를 이용하여 실로폰 연주하기를 코딩하기
* 나만의 오브젝트를 이용하여 세상에 하나뿐인 나만의 악기를 만들고 친구들과 함께 연주하기

5. 엔트리와 세계여행

CHAPTER 5 엔트리와 세계여행

학습목표

엔트리의 장면을 추가하고 장면 전환의 효과를 설정하기.
세계 곳곳 유명하고 멋진 명소를 소개하기

엔트리봇과 함께 세계 곳곳으로 여행을 떠나기.
친구들과 함께 가보고 싶은 나라를 선택하고 그 나라의 음식과 유명한 것을 소개하기.

필요한 오브젝트

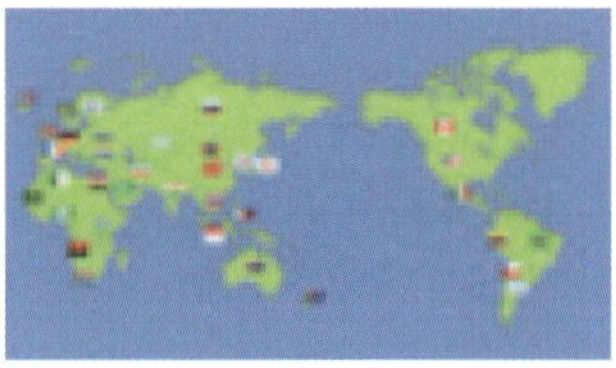		
세계전도 배경	깃발	엔트리봇

실행 결과

명령 블록

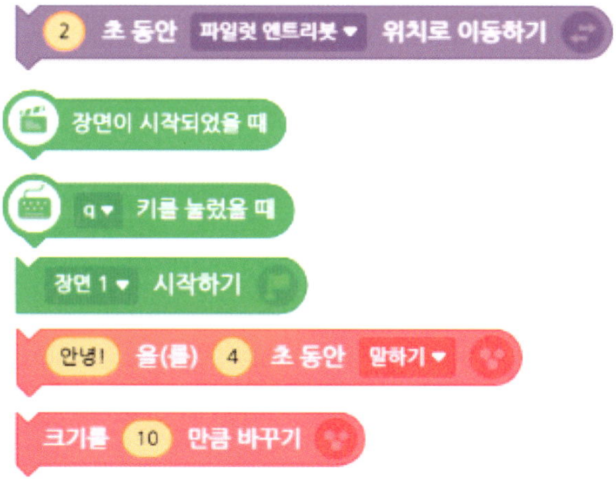

1) 오브젝트 창 완성하기

* [오브젝트 추가하기] 버튼을 이용하여 세계전도 배경을 삽입하고, 깃발을 이용하여 여행을 떠나고 싶은 나라의 위치에 배치
* **[모양] 탭**을 이용하여 나라의 위치에 맞게 색을 설정
* 파일럿 엔트리봇도 크기를 맞추어서 화면에 배치

* [오브젝트 추가하기] 버튼을 선택하여 글상자 탭으로 글을 써 보기

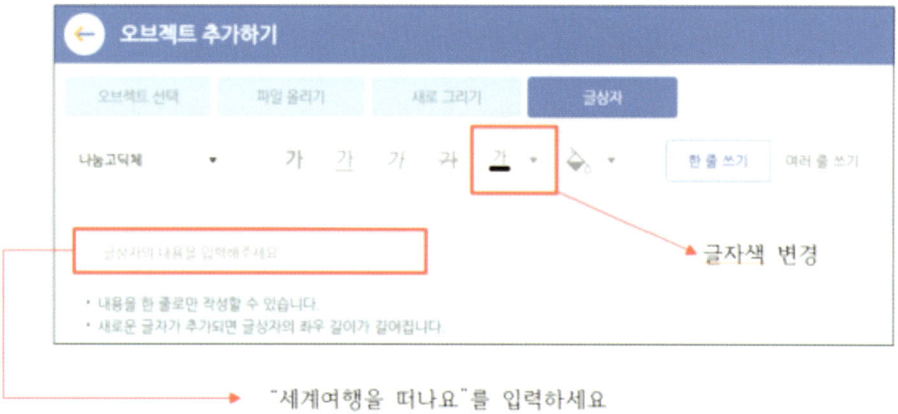

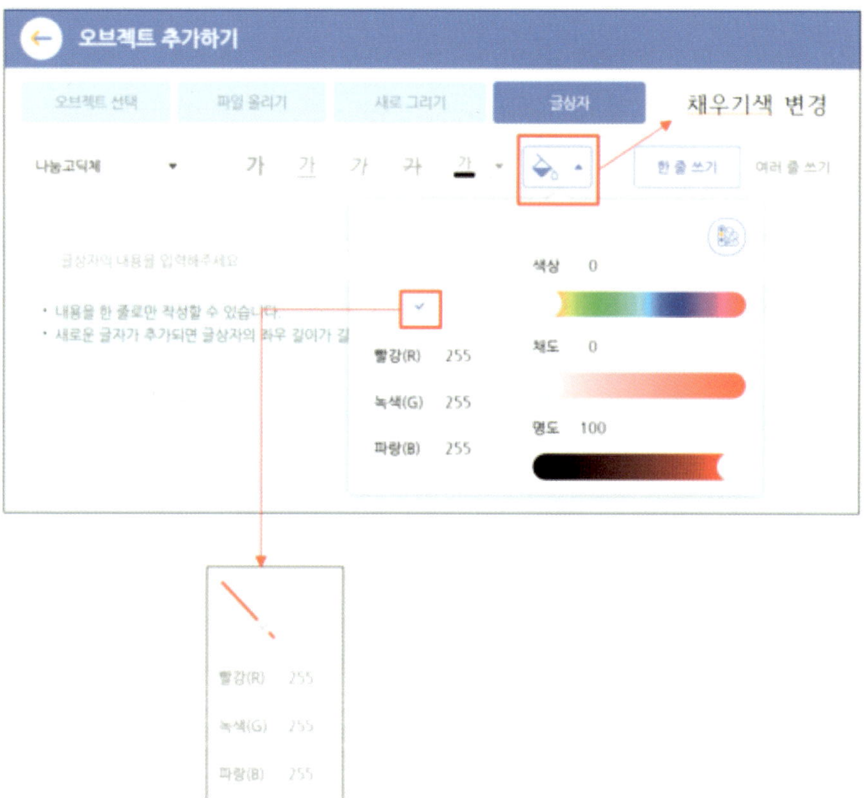

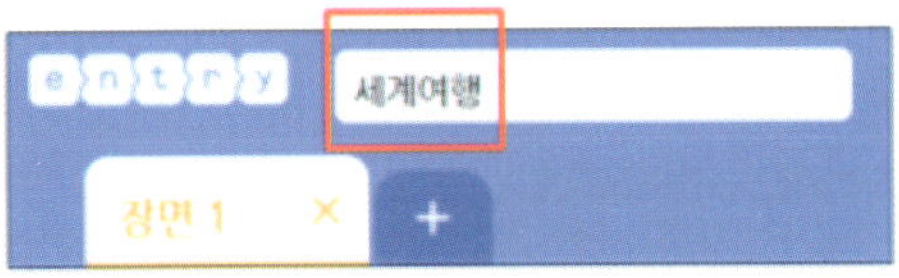

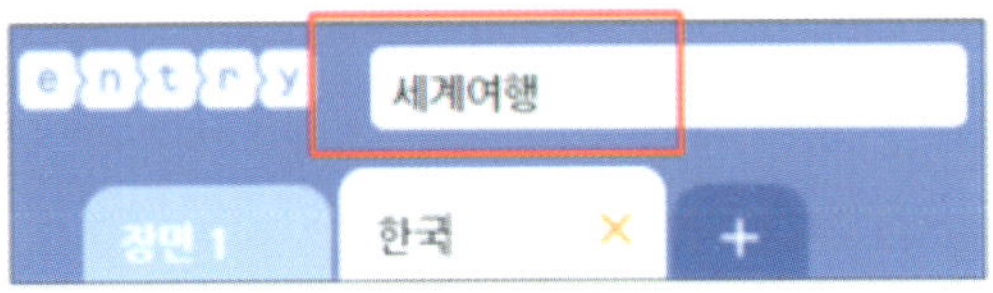

• 장면을 추가하여 자신이 여행할 나라에 대한 정보를 장면에 삽입합니다

* 한국 장면에는 소개할 다양한 자료가 삽입되고 내용이 입력될 수 있게 오브젝트를 삽입하기.

* 엔트리봇 오브젝트를 클릭하면 "어디를 여행할까요?" 말하게 코딩하기.

* 깃발 오브젝트를 클릭하면 엔트리봇에서 신호를 보내고 기다린다.

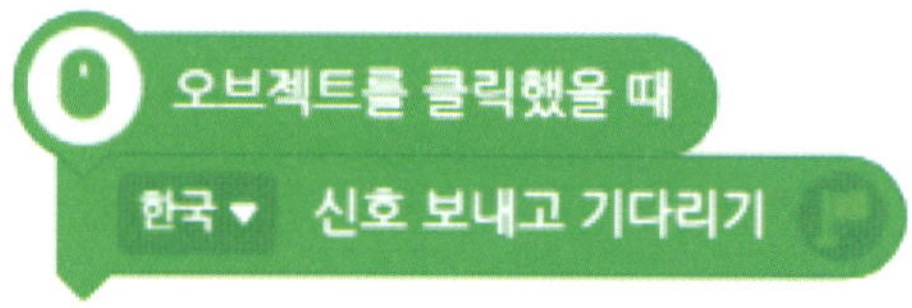

* 한국신호를 받으면 빨간 깃발의 위치로 이동하고 한국 장면으로 장면을 전환한다.

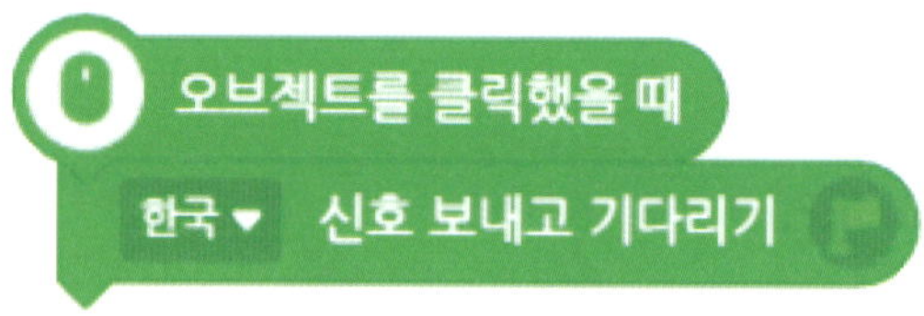

더 생각해보기

* 마우스를 이용한 오브제트 클릭을 사용해 보았으면 이번에는 묻고 대답하기를 이용하여 내가 대답한 곳으로 이동하는 것을 생각하기.
* 신호와 장면의 전환을 이용하여 만들 수 있는 자신만의 창의적인 작품을 구상하기.

6. 2인 축구

CHAPTER 6

2인 축구

학습목표

방향과 이동방향을 이용하여 축구공의 움직임을 만들어 본다.
변수값의 비교를 통한 승패를 코딩해 본다.

같은 조건의 축구 골대와 축구 선수를 배치하여 공정한 조건에서 경기가 시작되도록 하며, 새로 그리기를 통한 선수와 골대를 직접 그리면서 완성해 본다.

필요한 오브젝트

빨간 골대	파란 골대	공	선수1	선수2

실행 결과

명령 블록

화면 끝에 닿으면 튕기기	●	●	이동방향 화살표가 가리키는 방향으로 입력값만큼 움직입니다.
방향을 90° (으)로 정하기	●	●	오브젝트가 실행화면의 끝에 닿으면 튕겨서 나옵니다.
이동 방향으로 10 만큼 움직이기	●	●	중복되는 기능을 함수로 정의하여 코드를 최적화합니다.
0 부터 10 사이의 무작위 수	●	●	오브젝트의 방향으로 입력한 각도로 정합니다.
함수 정의하기 함수	●	●	입력한 두 수 사이의 수를 무작위로 선택하여 값으로 정합니다.

1) 오브젝트 창 완성하기

* [오브젝트 추가하기] 버튼을 이용하여 선수1과 선수2를 각 배치하고 이름을 바꾸기
* [오브젝트 추가하기] 버튼을 이용하여 [새로 그리기]탭을 이용하여 골대를 그리기
* 공을 화면의 중앙에 배치

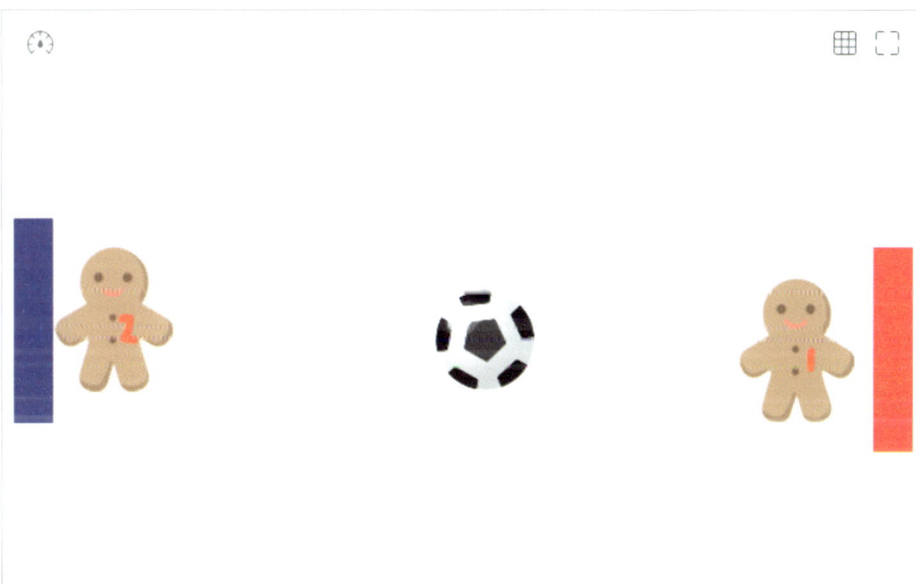

* [오브젝트 추가하기] – [새로 그리기] 탭을 이용하여 골대를

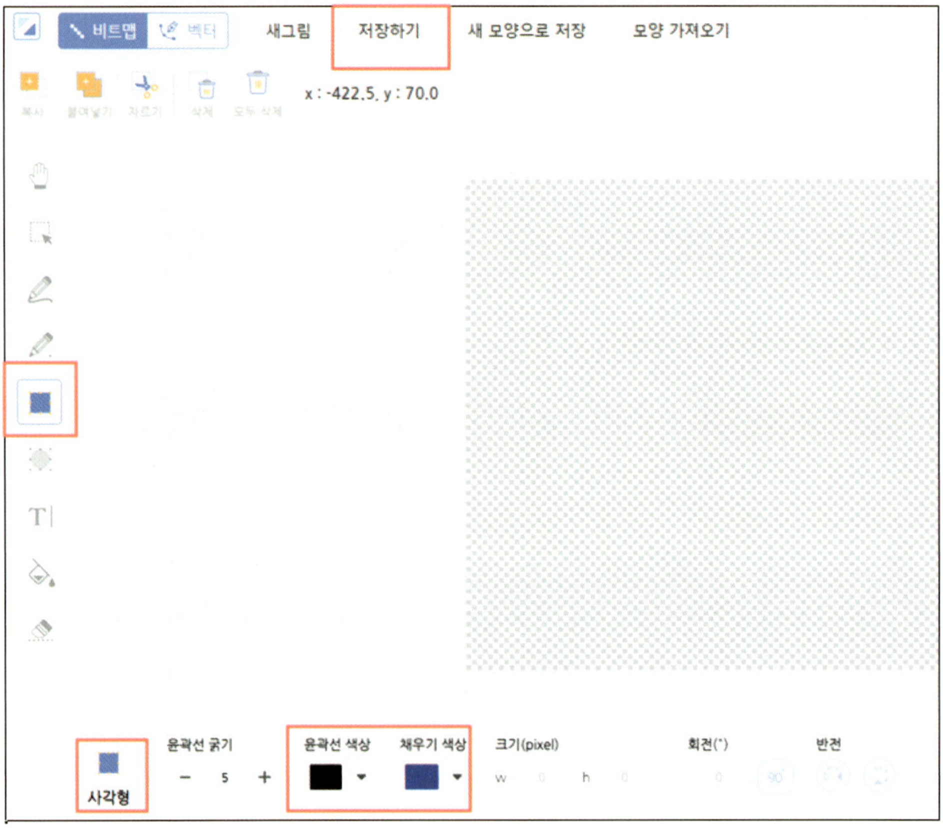

* 사각형 도구를 선택하고 사각형의 윤곽선과 채우기 색상을 선택하여 골대로 사용할 알맞은 크기의 사각형을 그린다.
* 오브젝트 복제를 하여 같은 크기의 골대를 하나 더 만듭니다. 이때 골대의 색과 이름을 바꾸어 준다.

* 공 오브젝트의 방향과 이동방향을 같게 맞추기

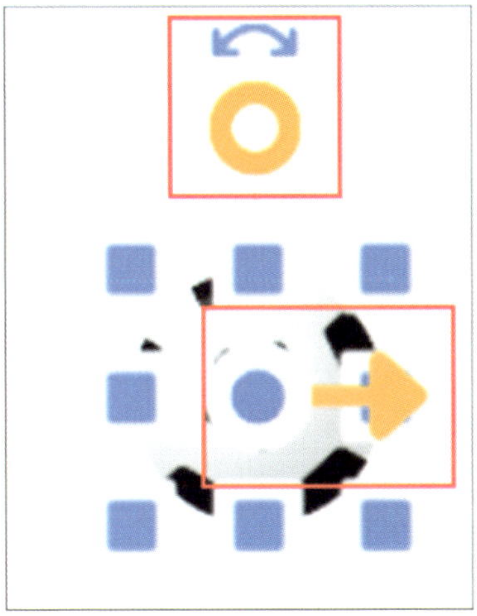

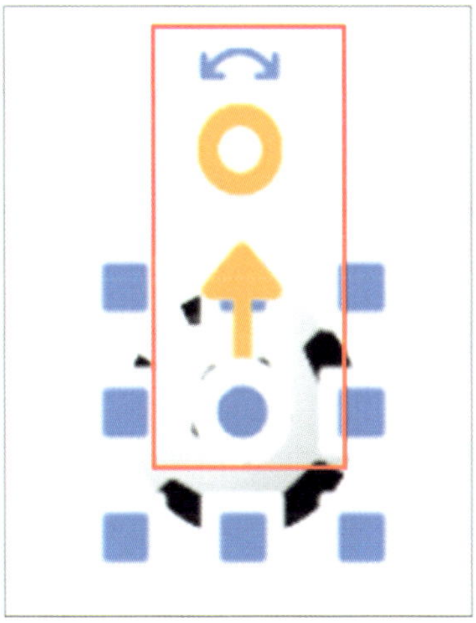

* 이동방향 화살표를 이용하여 직접 이동방향을 방향과 같은 곳으로 맞추어도 된다. 다만 정확한 방향을 맞추기 위해서는 아래 방향값과 이동방향값을 같게 입력하면 된다.

2) 코딩 완성하기

* 선수1과 선수2 오브젝트의 기본 위치와 크기를 설정

* 선수가 위아래로 움직일 수 있도록 코딩

* Y 좌푯값을 가지고 위 아래로 서로 움직이지만 이때 주의 할 것은 움직이는 키가 서로 달라야 한다.

  문자/숫자값 1 의 값을 이용한 반복하기는 한 줄에 만들어질 벽돌의 수를 정할 때 사용한다. X 좌표를 바꾸어가면서 벽돌과 벽돌 사이의 간격을 맞추기.(벽돌과 벽돌이 너무 가까워서 붙으면 값을 크게 바꾸고 간격이 너무 넓으면 값을 작게 줄여주면서 벽돌의 간격을 맞추어서 만든다.)
* 함수를 정의하여 만들었으면 함수 화면에서 나와서 코딩 조립소에서 벽돌 만드는 것을 코딩하기.

* 벽돌을 만드는 위의 코딩만으로는 벽돌이 생성되지 않는 이유를 생각해 본다.

- 마우스 클릭으로 벽돌을 하나하나 지워지도록 해보기.

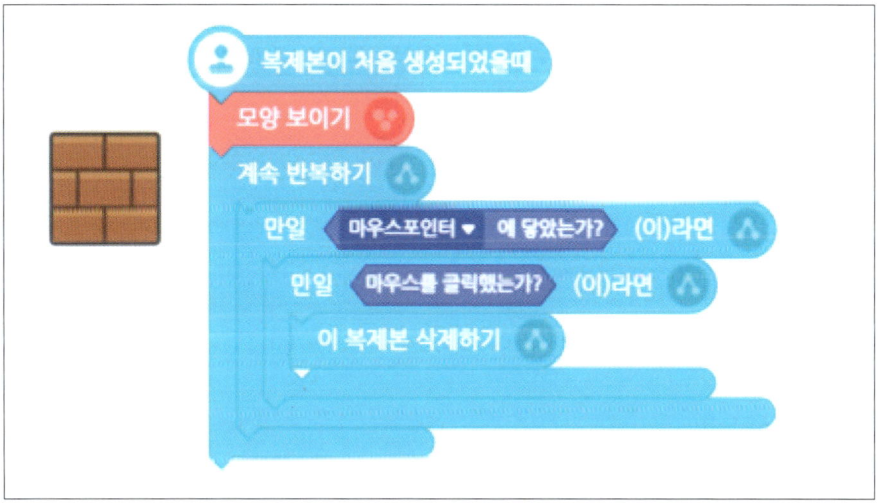

* 움직이는 바 오브젝트를 마우스를 이용하여 조정하는 코딩하기.
  이때 마우스의 X좌표를 읽어 움직이는 바 오브젝트의 X좌표를 사용하면 된다.

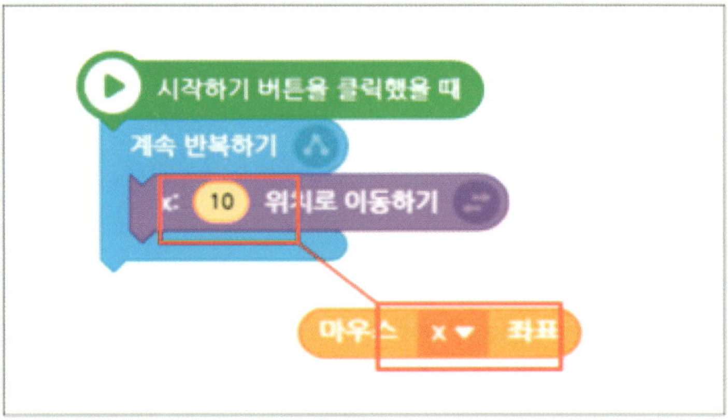

잠깐 !

세로로 움직임을 표현하려면 X좌표를 Y좌표로 바꾸면 된다.

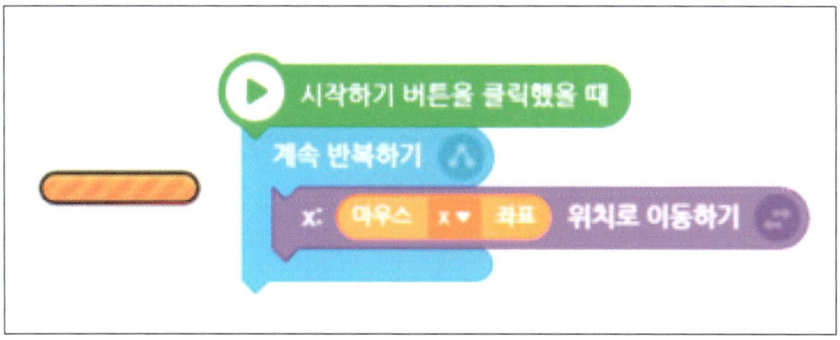

* 공 오브젝트는 시작할 때 위치와 크기를 정하고 오른쪽과 왼쪽 방향의 위치를 무작위로 선택하여 움직일 수 있도록 코딩한다.

(이때 공이 왼쪽과 오른쪽으로 갈 각도를 정하는데 이때 오른쪽은 괜찮은데 왼쪽을 정할 때 위의 그림처럼 정하면 안된다. 60~300사이의 각도를 무작위로 정하게 되면 공이 시작과 동시에 아래로도 떨어질 수 있기 때문이다.)

* 공 오브젝트의 방향이 정해지면 이동방향과 방향이 같기 때문에 이동방향도 같이 정해진다. 공이 떨어지기 전까지는 계속 움직일 수 있도록 코딩한다.

* 공이 움직이는 확인되면 이제는 조건을 설정하기. 이때 공이 닿는 여러 오브젝트를 생각하고 각 오브젝트마다 닿았을 때 공이 튕길 수 있는 방향이 어떻게 되는지 생각해 본다.

1) 공이 아래쪽 벽에 닿았을 때 모든 코드가 종료되도록 하기
2) 공이 움직이는 바에 닿았을 때는 공이 위쪽 방향으로 튕겨서 움직이도록 하기
3) 공이 벽돌에 닿았을 때는 공이 아래쪽 방향으로 튕겨서 움직이도록 하기.

– 가로 한 줄의 벽돌을 만들어 보고 벽돌을 모두 깨도록 한다.

〈2줄의 벽돌을 만들어서 모두 깰 수 있을까?〉

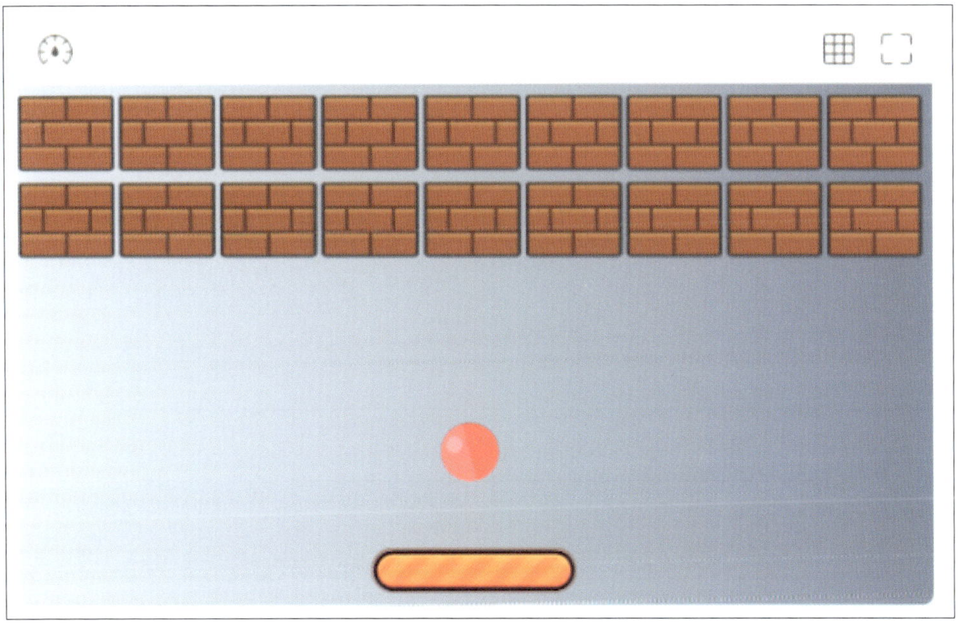

더 생각해보기

* 깨진 벽돌의 수를 세어 보고 모든 벽돌을 깨었을 때 게임이 종료 됨을 알리는 메시지를 만들기
* 벽돌이 깨진 모양을 만들어서 바로 삭제되지 않고 깨진 모양으로 바뀌었다가 삭제되도록 만들기.

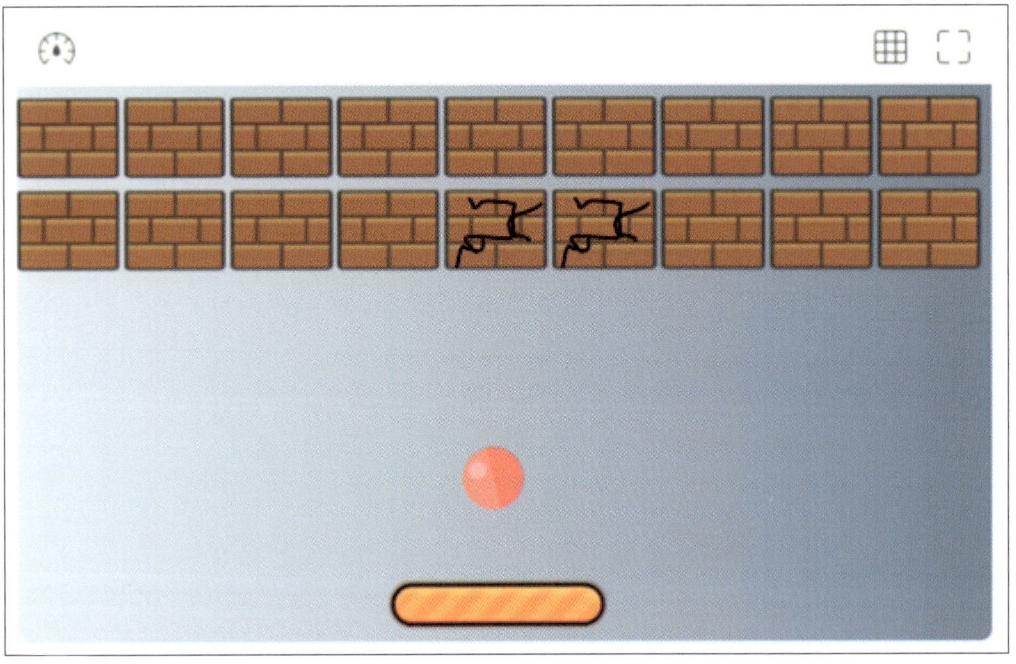

7. 구구단 퀴즈

CHAPTER 7

구구단 퀴즈

학습목표

묻고 대답 기다리기 블록을 활용하여 문제 만들기
변수와 난수의 개념을 이해하여 코딩하기

구구단 퀴즈를 해본다.
다람쥐 선생님이 내는 구구단 퀴즈를 잘 생각하고 대답하기. 오늘의 목표는 100점 받기

필요한 오브젝트

교실	다람쥐

실행 결과

명령 블록

블록		설명
안녕! 을(를) 묻고 대답 기다리기	● ●	입력한 질문의 내용을 말풍선으로 묻고 대답을 기다리기
대답	● ●	대답 창을 화면에 보이거나 숨기기
맞힌 개수 에 10 만큼 더하기	● ●	사용자가 대답 창에 입력한 값을 기억하기
대답 숨기기	● ●	선택한 변수에 입력한 값을 더하기
안녕! 과(와) 엔트리 를 합치기	● ●	입력한 두 값을 결합하기

1) 오브젝트 창 완성하기

* [오브젝트 추가하기] 버튼을 이용하여 교실 배경에 다람쥐를 배치한다.

* 다람쥐가 대답 창에 가려지지 않도록 위치를 너무 아래에 배치되지 않도록 주의한다.

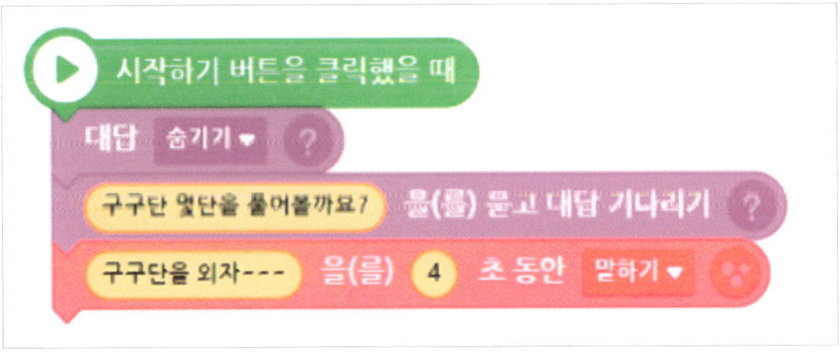

* 속성에서 변수를 지정하고 대답을 변수로 지정한다.

* 변수 추가하기를 하고 변수 이름을 대답으로 정한다.
* 변수 추가하기를 하고 변수 이름을 점수, 앞숫자, 뒷숫자를 추가한다.

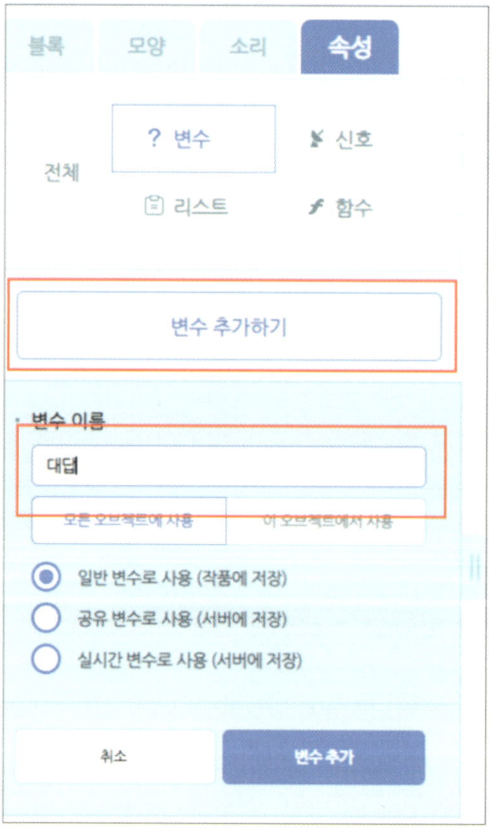

* 무작위 수로 묻고 답하기 대답에 점수가 나오도록 한다.

* 계산에서 무작위 수로 묻고 답하기 대답에 점수가 나오도록 한다.

＊ 자료에서 점수를 앞숫자, 뒷숫자로 정하도록 한다.

＊ 코딩하기

더 생각해보기

* 다람쥐 오브젝트가 구구단을 풀기위해서 몇 단의 문제를 낼지 질문하도록 설정한다.
* 이때 대답 창으로 받은 대답을 단수 변수에 입력한다.
* 곱해지는 수 변수에 무작위 수를 이용하여 수를 입력 받도록 설정한다.
* 점수를 보여주도록 설정한다

8. 펭귄의 동전먹기

CHAPTER

8 펭귄의 동전먹기

학습목표

X, Y좌표를 이용하여 방향키를 코딩해 본다.
조건문을 이용한 반복을 하고 점프하는 펭귄을 코딩해 본다.

펭귄이 동전이 필요해서 동전을 모으려고 한다. 차가운 물로 떨어지지 않고 벽돌을 타면서 동전을 모을 수 있도록 작성해보자.
동전을 모두 모아서 맛있는 생선을 살 수 있도록 좌우로 움직이면서 동전을 모아본다.

필요한 오브젝트

펭귄	동전	벽돌	남극배경

실행 결과

명령 블록

참 이 될 때까지 ▾ 반복하기	복제본이 새로 생성되었을 때 연결된 블록을 실행한다.
복제본이 처음 생성되었을때	조건이 참이 될 때까지 감싸고 있는 명령 블록을 반복 실행한다.
자신 ▾ 의 복제본 만들기	프로젝트 전체의 코드를 정지한다.
이 복제본 삭제하기	선택한 복제본을 만들어준다..
모든 ▾ 코드 멈추기	복제본이 생성되어서 필요 없을 때 복제본을 지운다.

1) 오브젝트 창 완성하기

* [오브젝트 추가하기] 버튼을 이용하여 펭귄, 벽돌과 동전을 각 위치에 배치한다.

* **[모양] 탭**을 이용하여 펭귄오브젝트의 모양을 좌우 반전하여 저장한다.

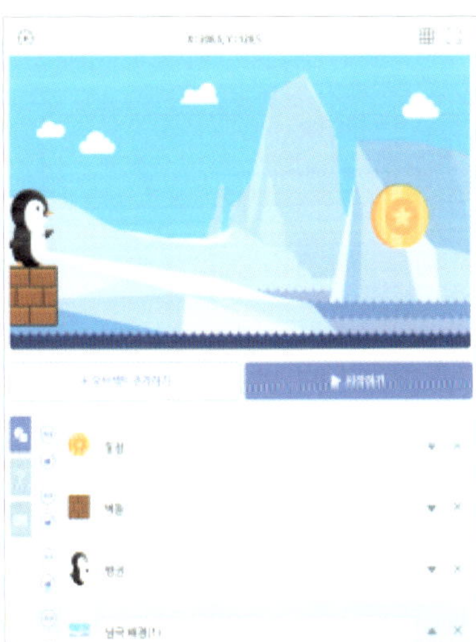

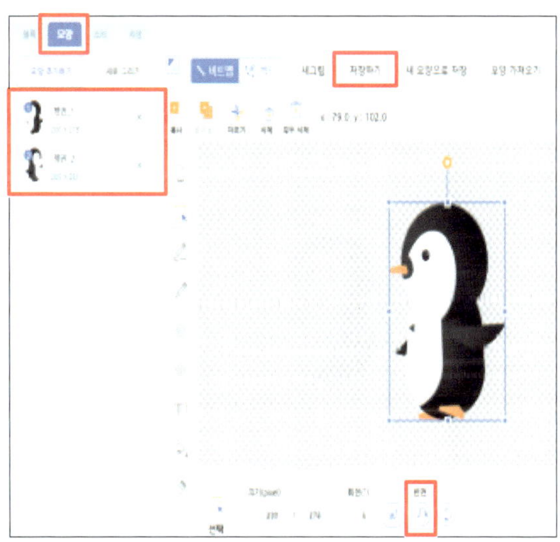

2) 코딩 완성하기

* 펭귄 오브젝트의 기본 위치와 크기를 설정한다.

* 펭귄 오브젝트가 벽돌에 닿을 때까지 아래쪽으로 떨어지도록 코딩한다.

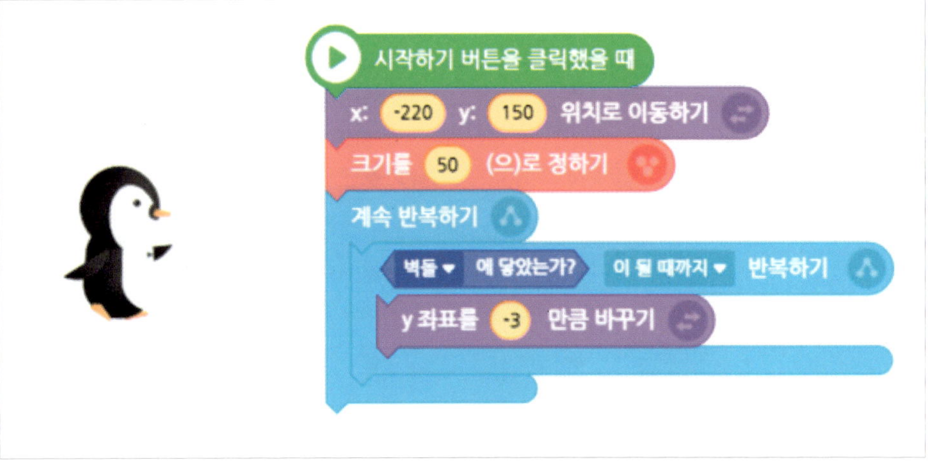

* 펭귄 오브젝트의 방향키를 이용한 움직임을 코딩한다.

* 오른쪽 화살표키를 눌렀을 때 펭귄은 오른쪽을 바라보는 모양으로 변경하고 오른쪽으로 움직이고, 왼쪽 화살표 키를 눌렀을 때 왼쪽을 바라보는 모양으로 왼쪽으로 움직이도록 코딩한다.

* 펭귄 오브젝트는 스페이스 키를 눌렀을 때 점프를 할 수 있도록 코딩한다. 이때 주의할 것은 오른쪽과 왼쪽 키로 움직임을 하면서 점프를 할 수 있도록 하려면 병렬로 처리될 수 있도록 따로 코딩을 해야 한다.

(0.5초 기다리기 블록은 연속 점프를 막기 위함이다)

* 벽돌 오브젝트는 5~6개 정도의 자신의 복제본을 만들어서 아래로 떨어지며 펭귄이 올라탈 수 있도록 징검다리를 만들어 준다.

(벽돌 오브젝트의 크기에 따라서 약간 무작위 범위를 조절하여 사용함)

* 만들어진 복제본 벽돌 오브젝트는 아래로 떨이지고 아래쪽 벽에 닿으면 다시 처음 위치 배치되도록 코딩한다.

* 동전 오브젝트는 계속 동전을 복제하여 벽돌 위에 닿을 때까지 떨어지고 펭귄에 닿거나 아래쪽 벽에 닿으면 삭제되게 코딩한다.

(복제된 동전은 위치가 일정하지 않게 X좌표의 값을 무작위를 이용하여 위치하도록 코딩함)

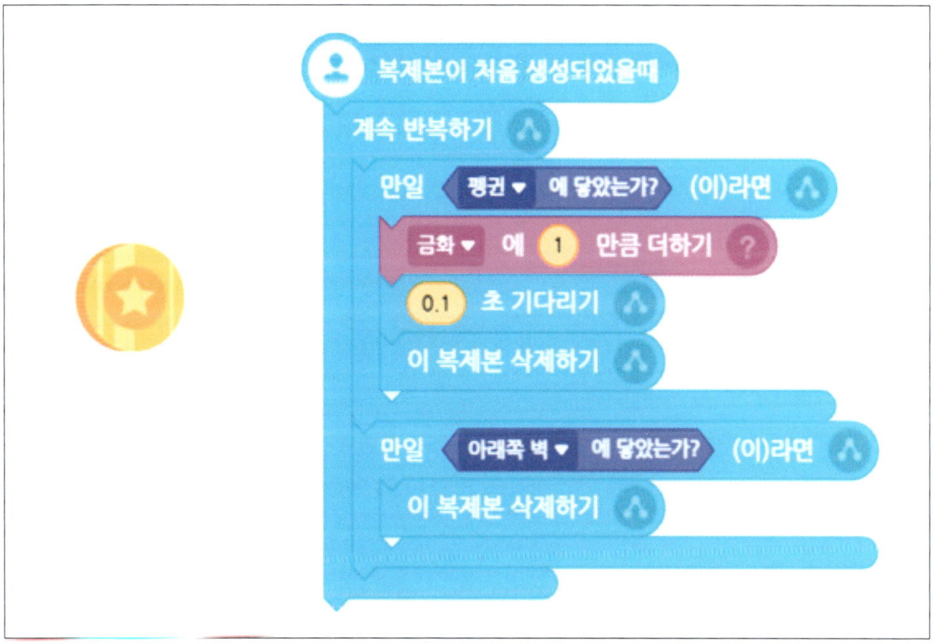

(떨어지는 동전은 모두 복제본이기 때문에 복제본이 처음 생성되었을 때 블록 아래에 조건이 형성되도록 코딩해야 함)

– 10초 동안 펭귄이 몇 개의 동전을 모을 수 있는지 움직여 본다.

〈몇 개의 동전을 모을 수 있을까?〉

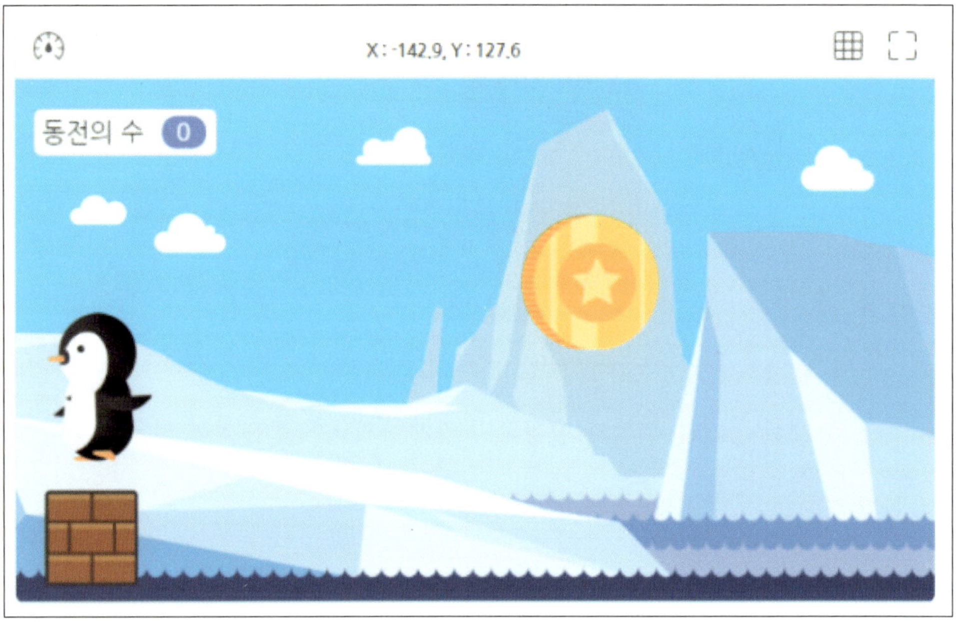

더 생각해보기

* 초시계를 두어서 일정 시간동안 몇 개의 동전을 모을 수 있는지 코딩해 본다.
* 받아야 되는 것과 받지 말아야 하는 것을 구분하여 받아 보도록 코딩해 보고 각 추가점수와 감점점수를 주어서 총 점수를 말할 수 있도록 코딩해 본다.

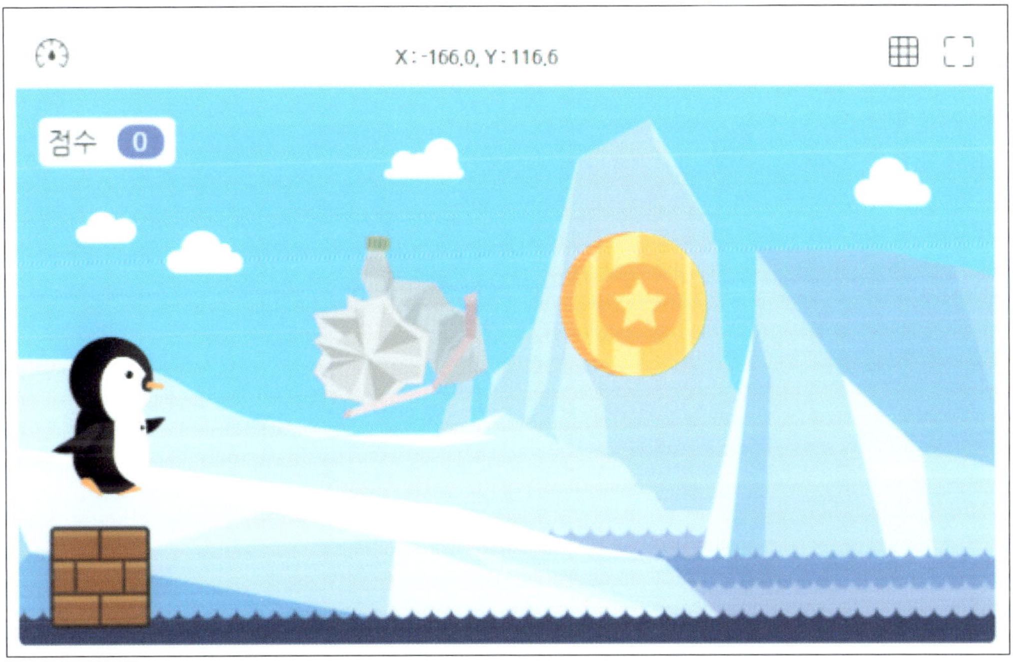

9. 도넛받기

CHAPTER 9

도넛받기

학습목표

중심점의 의미를 알고 쿠키맨이 바구니를 들고 다니도록 코딩해 본다.
좌표의 개념을 이해하고 무작위 위치에 대해 알아본다.

하늘에서 도넛이 떨어진다. 바구니를 이용해서 바닥에 떨어지기 전에 도넛을 받도록 설계한다.
쿠기맨이 도넛을 얼마나 많이 받을 수 있을까?

필요한 오브젝트

쿠키사람	뗏목	바구니	도넛	바다

실행 결과

명령 블록

블록		설명
이동 방향을 90° (으)로 정하기	● ●	오브젝트가 입력한 Y좌표로 이동한다.(오브젝트의 중심점이 기준이된다.)
0 부터 10 사이의 무작위 수	● ●	판단값에 따라 블록의 반복여부를 결정한다.
참 이 될 때까지 ▾ 반복하기	● ●	입력한 두 수 사이에서 선택된 무작위 수 값이다.(정수와 소수점 둘째 자리까지 선택된다.)
x: 10 위치로 이동하기	● ●	오브젝트의 이동 방향을 입력한 각도로 정한다.
y: 10 위치로 이동하기	● ●	오브젝트가 입력한 X좌표로 이동한다.(오브젝트의 중심점이 기준이된다.)
마우스 x ▾ 좌표	● ●	현재 마우스 포인터의 X, Y 값이다.

1) 오브젝트 창 완성하기

* [오브젝트 추가하기] 버튼을 이용하여 바다 배경을 삽입하고, 쿠키사람, 바구니, 뗏목, 도넛 오브젝트를 삽입하고 각 위치에 맞게 배치한다.

* **[오브젝트 목록]**을 이용하여 쿠키사람, 바구니, 뗏목 오브젝트의 모양을 설정한다.

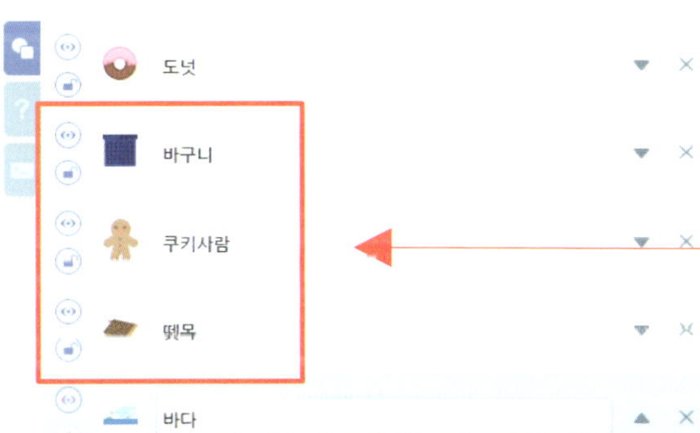

각 오브젝트의 순서에 따라서
배치가 달라진다. 순서가 아래에서 위로 정해진다.

* 오브젝트의 위치를 잘 맞추고 오브젝트의 중심점을 바꾸어서 위치가 바뀌지 않도록 설정한다.

* 바구니와 뗏목의 중심점을 쿠키사람의 중심점으로 맞추어서 쿠키 사람이 뗏목을 타고 다니고 바구니를 들고 다니도록 코딩한다.

2) 코딩 완성하기

* 쿠키사람, 바구니, 떡목이 마우스의 X좌표의 위치로 이동하도록 키를 이용한 움직임을 코딩한다.

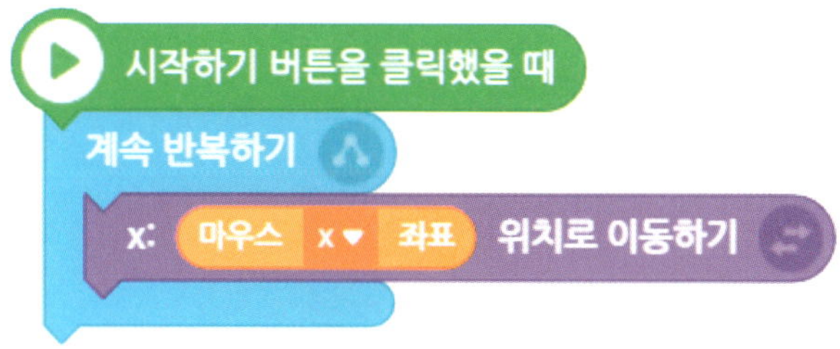

* 복사할 블록의 가장 위의 블록에 마우스 포인터를 맞추고 마우스의 오른쪽 버튼을 눌러 코드 복사 메뉴를 선택한다. 이때 블록을 자신의 오브젝트가 같은 블록을 만들려면 [코드 복사 & 붙여넣기]를 하면 자신의 오브젝트에 같은 블록이 하나 더 생긴다. 자신이 아닌 다른 오브젝트에 블록을 복사해 주고 싶을 때는 [코드 복사]를 해서 해당 오브젝트에 가서 [붙여 넣기]를 하면 된다.

* 쿠키 사람이 가지고 있는 블록을 [코드 복사] 하여 바구니 오브젝트에 [붙여넣기] 하면 된다. 같은 방법으로 뗏목 오브젝트에도 [붙여넣기]하면 쿠키 사람이 가지고 있는 블록을 바구니도 뗏목 오브젝트도 갖게 된다.

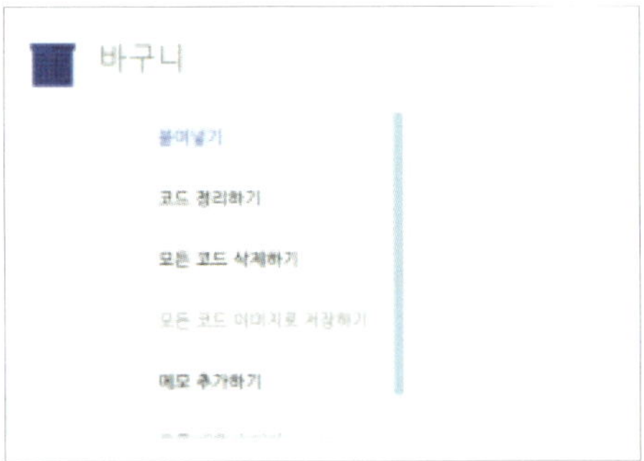

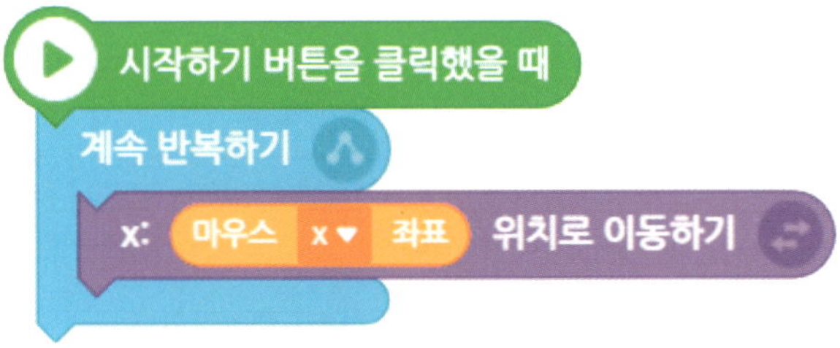

* 도넛 오브젝트는 시작하면 이동방향을 정하고 아래쪽 벽까지 이동방향으로 이동하도록 코딩한다.

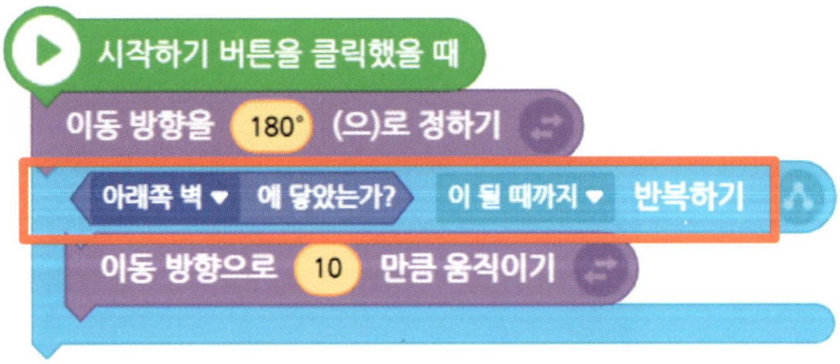

〈이동방향을 정하기와 이동방향을 바꾸기의 차이점을 생각해 본다.〉

* 도넛 오브젝트가 시작하면 한번 떨어지니 계속 떨어지게 하려면 무엇을 해야할지 생각해 본다. 즉 아래쪽 벽에 닿아있는 도넛을 위쪽으로 위치를 이동시키면 된다.

위의 두 블록의 위치를 잘 생각하여 코딩해 본다.

* 처음의 위치에서 계속 도넛이 떨어지는 것을 확인할 수 있다. 그럼 도넛을 오른쪽과 왼쪽의 어느 곳에서든지 무작위 위치에서 나오게 하려면 어떻게 해야 할까 생각해 본다.

두 개의 블록이 각 어떻게 바뀌어야 하고 위치해야 하는지도 생각해 본다.

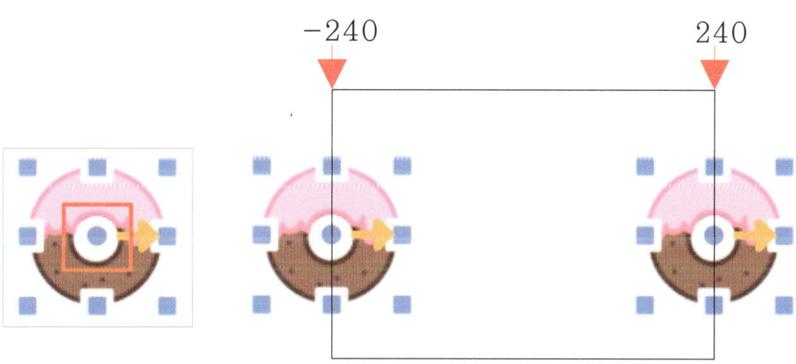

* 도넛의 중심점의 위치가 X좌표의 위치에 따라서 어떻게 나오는지를 생각하여 무작위 수의 값을 정하여 본다.

10. 잠자리의 비행

CHAPTER 10
잠자리의 비행

학습목표

초시계를 이용하여 시작과 끝을 알린다.
마우스포인터를 사용하고 위치이동과 복제본을 생성해 다양한 게임을 만드는 코딩실습을 구상한다.

잠자리의 비행을 초시계를 이용하여 시작과 끝을 계산하도록 한다. 잠자리의 천적인 독수리는 복제본을 생성하여 잠자리에 닿으면 게임이 종료되도록 한다.

필요한 오브젝트

독수리	고추잠자리	노을 무덤

실행 결과

명령 블록

1) 오브젝트 창 완성하기

* [오브젝트 추가하기] 버튼을 이용하여 고추잠자리와 독수리를 각 배치하고 이름을 바꾸기
* [오브젝트 추가하기] 버튼을 이용하여 배경을 노을 무덤으로 추가하기
* 고추잠자리와 독수리의 위치를 임의로 정하기

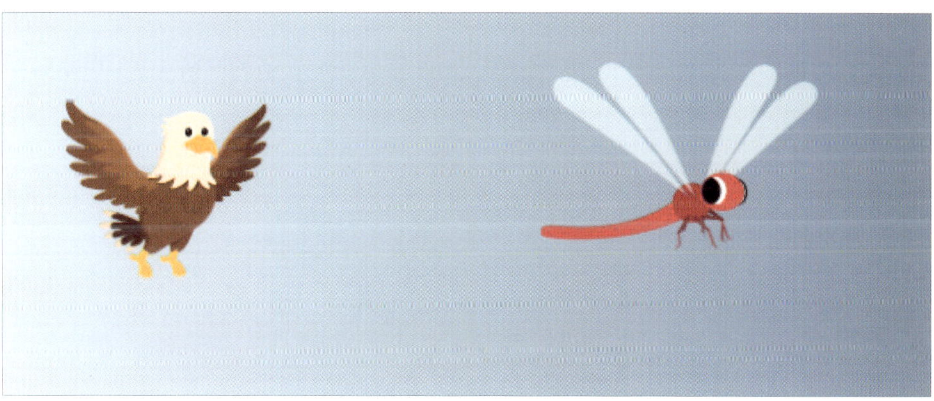

* 잠자리가 비행하는 것처럼 보이도록 날개짓을 하도록 작성해 본다.

* 잠자리의 복제본을 만들도록 작성한다.

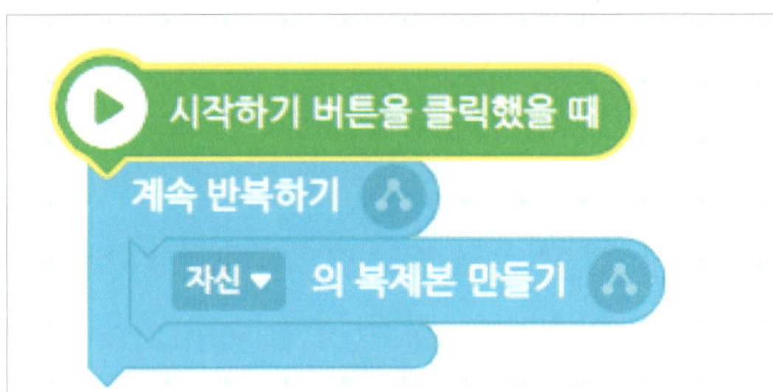

* 복제본이 생성되었을 때 투명도 효과를 10 만큼 주기하여 10번 반복하도록 작성하고 이 복제본을 삭제한다.

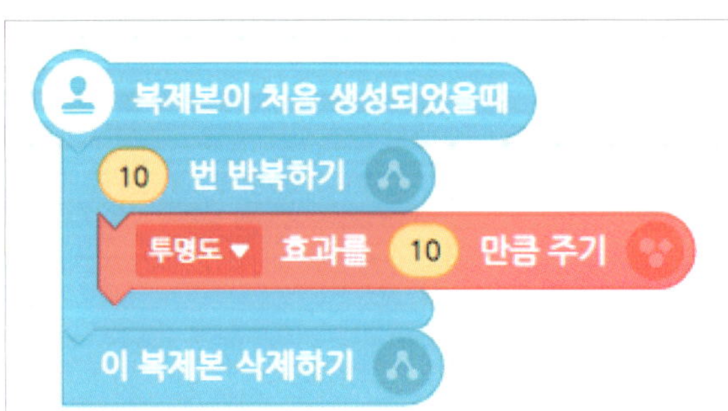

* 블록에 계산에서 초시계 시작하기를 설정하여 초시계가 보이도록 하고 독수리에 닿으면 정지하도록 코딩한다.

* 잠자리의 위치를 X: 0, Y: 0 위치로 이동하고 마우스포인터까지의 거리가 3보다 크면 마우스포인터 쪽으로 바라보고 이동방향으로 4 만큼 움직이도록 작성한다.
* 만일 독수리에 닿으면 초시계가 정지하고 모든 코드가 멈추도록 한다.

* 독수리는 시작하기 버튼을 클릭했을 때 모양을 숨기고 복제본을 만든다.

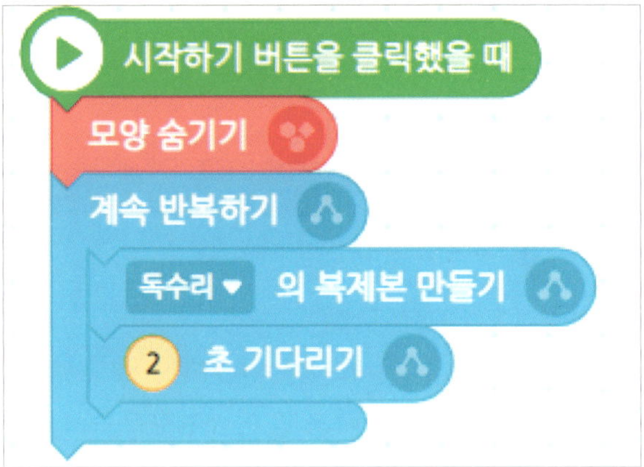

* 독수리의 복제본이 처음 생성되었을 때 모양을 보이고 Y 좌표는 -100부터 +100 사이의 무작위 수 위치로 이동하기
* 독수리가 벽에 닿으면 잠자리 쪽 바라보고 색깔 효과를 10만큼 주기
* 만인 자신의 X 좌푯값이 잠자리의 X 좌푯값보다 작으면 이동 방향으로 2 만큼 움직이기 아니면 이동 방향을 90° 로 정하고 X 좌표를 1 만큼 바꾸기

* 위를 반복하고 복제본 삭제하기

PART 3

피지컬 컴퓨팅과 햄스터

피지컬 컴퓨팅이란, 현실세계 속 데이터를 다양한 디지털 기기를 통해 입력받아 소프트웨어로 처리 후, 그 결과를 다른 장치로 출력하는 것을 말한다.

우리는 이론만하는 코딩교육이 아닌 실습을 통한 자신이 구현한 내용을 햄스터를 이용해서 실습해 보고자 한다.

햄스터를 이용하여 다양한 센서(근접센서, 조도 센서, 온도 센서 등)을 이용하여, 자율주행과 축구게임을 통한 실습활동 교육을 실시한다.

1. 피지컬 컴퓨팅

CHAPTER 1

피지컬 컴퓨팅

피지컬 컴퓨팅이란, 현실세계 속 데이터를 다양한 디지털 기기를 통해 입력받아 소프트웨어로 처리 후, 그 결과를 다른 장치로 출력하는 것을 말한다.

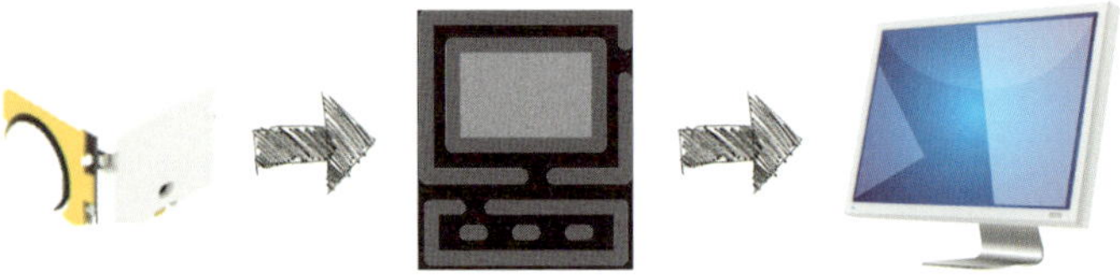

피지컬 컴퓨팅의 종류[10]는 다양하지만, 김재휘(2016)에 따르면, 형태에 따라 (1) 로봇형 (2) 모듈형 (3) 보드형으로 구분하는 형태를 본 책에서 설명한다.

(1) 로봇형

센서와 모터와 같은 입출력장치가 하나의 완성도구로 제작된 형태로, 현실 세계와 다양한 상호작용이 가능하도록 프로그래밍을 통해 로봇을 조작하는 것을 말한다. 다양한 센서들이 부착된 완제품 형태는 사용하기 쉬운 장점이 있지만 비용이 다른 종류에 비해 비싸고 응용분야가 제한되는 단점이 있다.

(2) 모듈형

모듈형의 경우, 마이크로 컨트롤러에 다양한 입출력장치를 연결하여 조립하고 조작할 수 있는 도구의 형태이다. 레고, 철사 등 재료들을 통하여 원하는 형태로 부착할 수 있어 응용분야가 넓은 편이다. 다만, 제품 간 호환이 어려우며 가격이 비싼편이다.

(3) 보드형

마이크로 컨트롤러를 포함한 전자보드 타입의 기판에 다양한 센서들을 부착하는 형태의 도구이다. 대표적인 예로 아두이노가 있으며, 전자소자 혹은 확장쉴드를 통한 다양한 형태로 확장 가능하며, 부착할 수 있는 센서들이 aksgs은 반면에 전자회로에 대한 사전 지식이 필요하고, 납땜 등 기술이 필요한 경우가 많기 때문에 초등학생과 같은 저학년 학생들에게는 어렵고 안전교육이 필수적이다.

---

10) 김재휘, 김동호, "컴퓨팅사고력향상을위한초등피지컬컴퓨팅교육과정개발", 한국정보교육학회논문지, 2016년.

2. 엔트리 친구 햄스터

CHAPTER 2

엔트리 친구 햄스터

로봇 햄스터

햄스터 로봇은 SW교육을 위해 제작된 로봇형 피지컬 컴퓨팅 도구로써, 다양한 입출력 센서들을 부착하여 학생들의 컴퓨팅 사고력을 증진시키는 데 목표가 있다.

햄스터의 현재 종류는 2가지로 나뉘는데 사양은 아래와 같다.

	햄스터	햄스터S
크기	가로(35) X 세로(40) X 높이(30)	
무게	30g	45g
센서 및 구동장치	전방 근접센서 X 2	전방 근접센서 X 2
	DC 모터 X 2	스테핑 모터 X 2
	바닥 센서 X 2	바닥 센서 X 2
	7색 LED X 2	Full Color LED X 2
	3축 가속도 센서	3축 가속도 센서
	버저(피에조 스피커)	버저(피에조 스피커)
	조도 센서	조도 센서
	내부 온도 센서	내부 온도 센서
	확장포트 X 2	확장포트 X 2(시리얼 입출력)
통신 방법	블루투스 4.0	
배터리	Li-poly	
동작시간	1시간 내외	

외관상의 차이는 없지만 많은 부분이 개선되어서 햄스터S가 나왔다.

1. 햄스터가 DC모터를 '초' 단위로 움직임을 제어하는데 반해 햄스터S는 스테퍼 모터를 사용해 'cm' 단위, '도' 단위, '펄스' 단위로 제어 가능
2. LED에서도 햄스터는 7가지 색인데 반해 햄스터S는 Full LED의 색을 밝힘
3. 햄스터가 확장포트 (디지털 입력, 아날로그 입력, 디지털 출력, PWM출력, 서보 출력)를 사용했으면, 햄스터 S는 풀업/풀다운, 시리얼 입출력의 기능을 강화되었음.

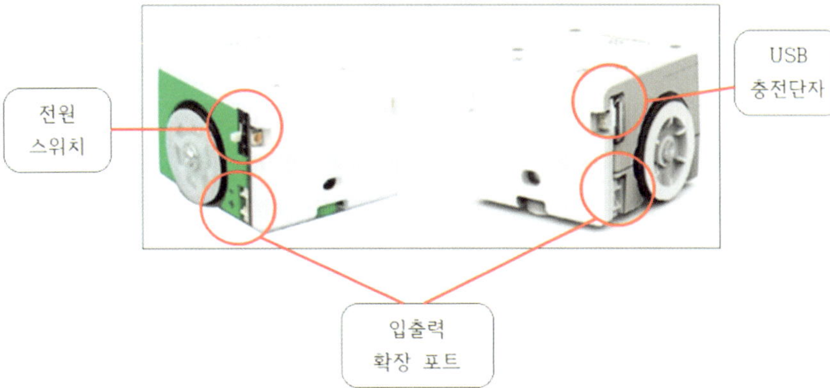
전원
스위치
USB
충전단자
입출력
확장 포트

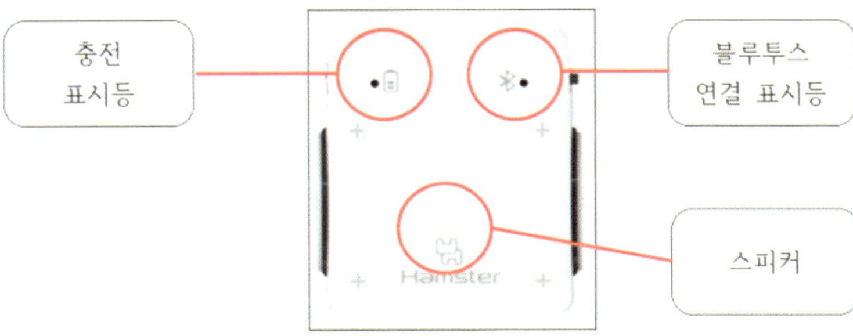
충전
표시등
블루투스
연결 표시등
스피커

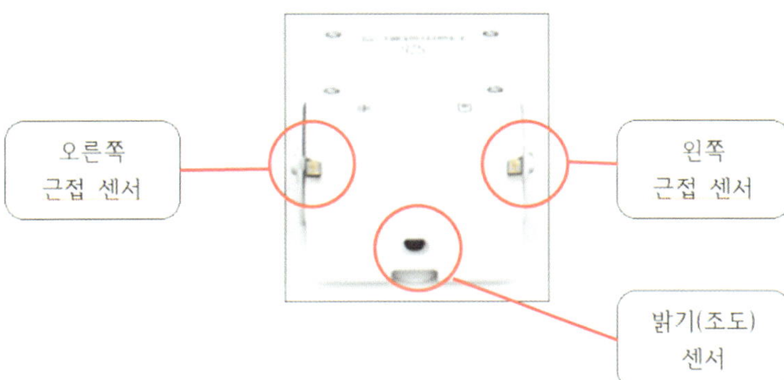
오른쪽
근접 센서
왼쪽
근접 센서
밝기(조도)
센서

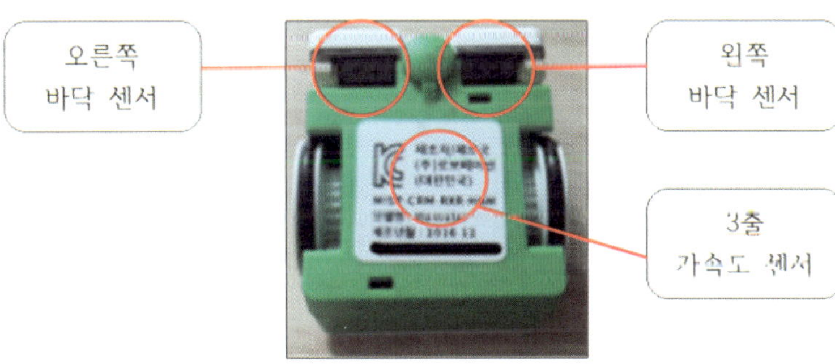
오른쪽
바닥 센서
왼쪽
바닥 센서
3축
가속도 센서

햄스터 로봇과 엔트리 연결하기

- 하드웨어

1

2

3

① USB 동글이를 PC의 USB 단자에 연결하기

② USB 동글이 가까이에 햄스터 로봇을 가져가고 전원을 켜기

③ 삑 소리가 나면 연결된 것임.

- 소프트웨어

① 블록 탭에서 [하드웨어]에 [연결 프로그램 열기]를 누른다.

② 엔트리 하드웨어에서 [햄스터]를 입력 후 로봇종류에 따라 선택한다.

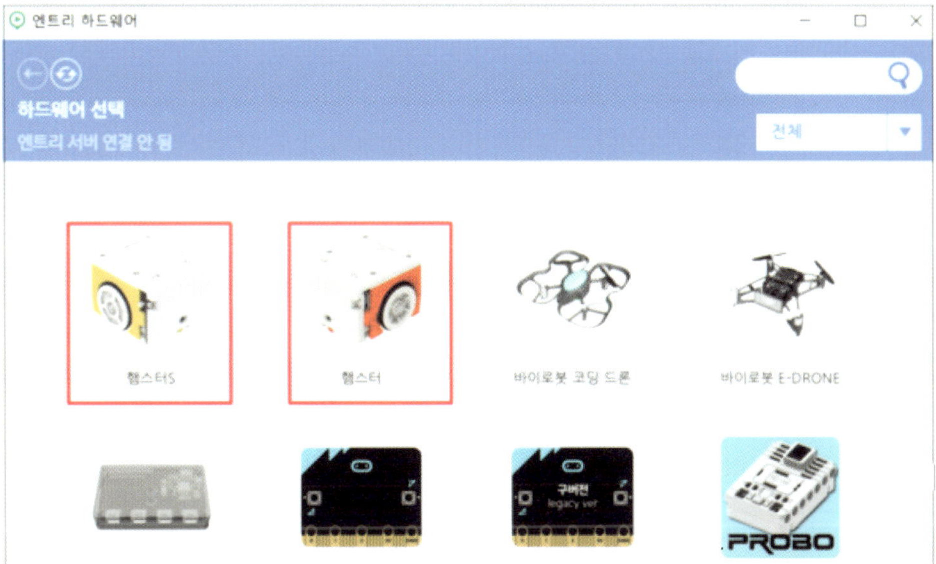

※ 연결성공화면이 뜨면 오른쪽 상단의 _(최소화 버튼)을 눌러 창을 내려야 한다. (X를 누르는 경우 연결이 끊긴다.)

③ 추가된 블록들을 확인한다.

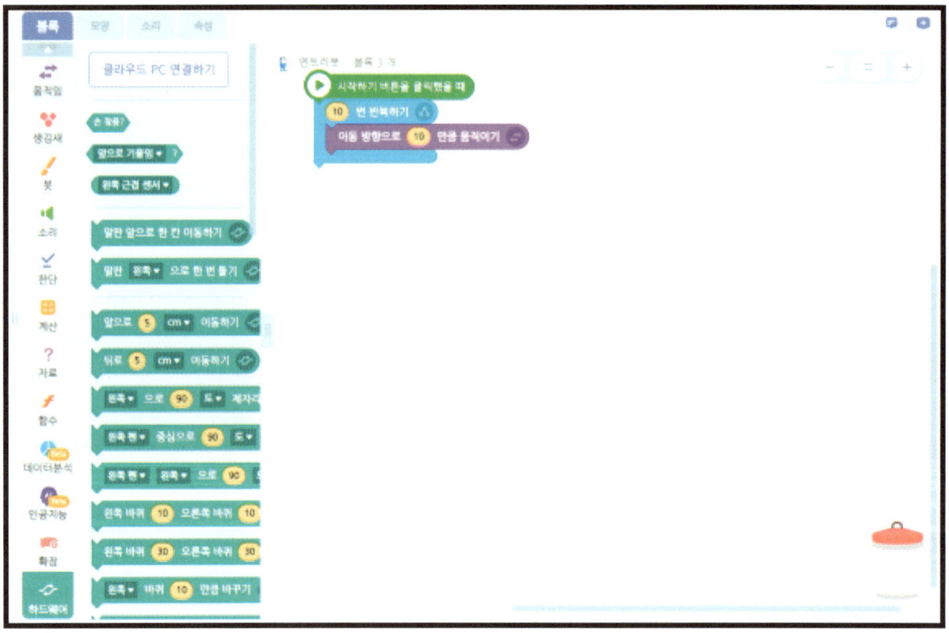

3. 이동해라, 햄스터 !

CHAPTER 3

이동해라, 햄스터 !

학습목표

이동방향을 이용하여 방향키를 코딩해 본다.
조건의 개념을 이해하고 사용해 본다.

엔트리봇이 미로의 길을 조심히 방향키를 사용하여 이동하고 길을 잘 찾아서 보물을 찾아보도록 한다.
중간에 새로운 장애물과 아이템이 생길 수 있으니 조심해서 보물을 찾아보자.

필요한 오브젝트

엔트리봇

실행 결과

명령 블록

블록			설명
시작하기 버튼을 클릭했을 때	●	●	시작하기 버튼을 클릭했을때 아래 연결된 명령을 실행
q▾ 키를 눌렀을 때	●	●	선택한 키를 눌렀을 때 아래 연결된 명령 블록을 실행
왼쪽▾ LED를 빨간색▾ 으로 정하기	●	●	왼쪽과 오른쪽 바퀴의 속도를 입력한 값으로 설정
왼쪽 바퀴 30 오른쪽 바퀴 30 (으)로 정하기	●	●	LED를 왼쪽/오른쪽/양쪽을 선택한 색깔로 켬.

1) 오브젝트 창 완성하기

```
위쪽 화살표 ▾ 키를 눌렀을 때
왼쪽 바퀴 30 오른쪽 바퀴 30 (으)로 정하기
```

잠깐!

속도값은 −100 ~ +100 사이의 값으로 설정하고 − 일 때는 뒤로 움직인다.

2) 코딩완성하기

앞으로/뒤로/오른쪽회전/왼쪽회전/정지하기 각 기능을 하는 코딩을 완성한다.

① 햄스터 앞으로 가도록 코딩하기	
② 햄스터 뒤로 가도록 코딩하기	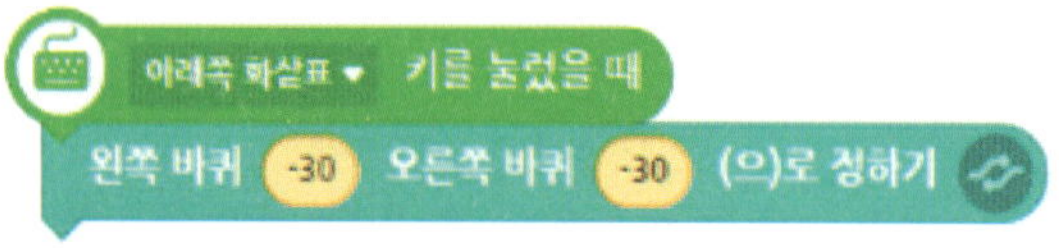
③ 햄스터 오른쪽으로 회전하게 하는 코딩하기	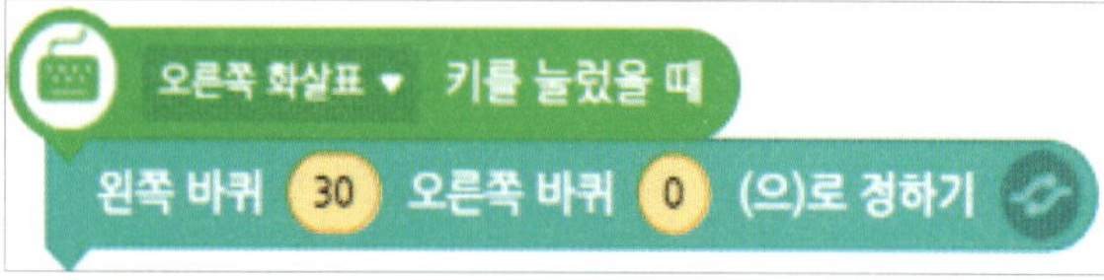 * 위 두 코드의 차이를 알아보고 자신에 맞는 코드로 코딩하기
④ 햄스터 왼쪽으로 회전하게 하는 코딩하기	
⑤ 햄스터 정지하게 하는 코딩하기	 * 모터의 속도가 0이면 바퀴가 움직이지 않는다.

더 생각해보기

블록을 이용하여 LED 색을 바꾸면서 완주하도록 코딩하기

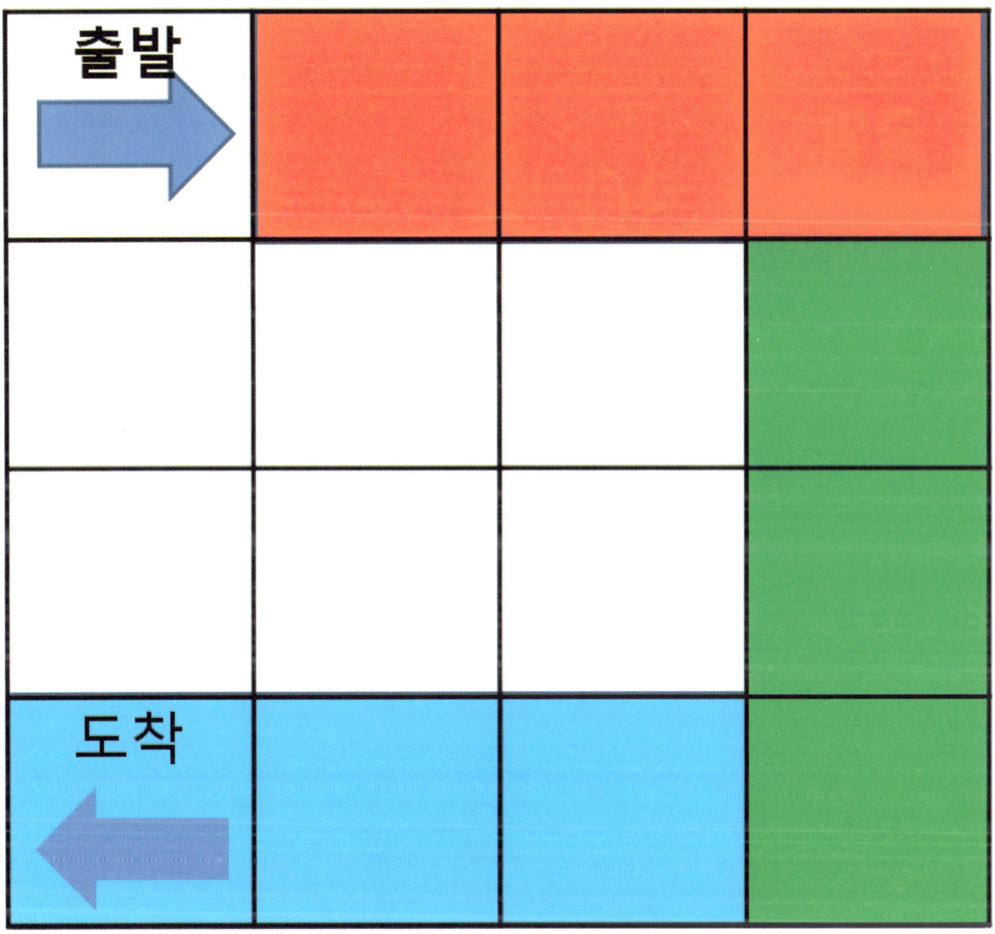

▶ 부록 참조

더 생각해보기

* 각 구간의 속도를 지정하여 속도를 변수를 이용하여 엑셀과 블레이크의 기능을 하는 코딩하기
* 중간의 색을 넣어서 LED를 조작할 수 있는 코딩하기

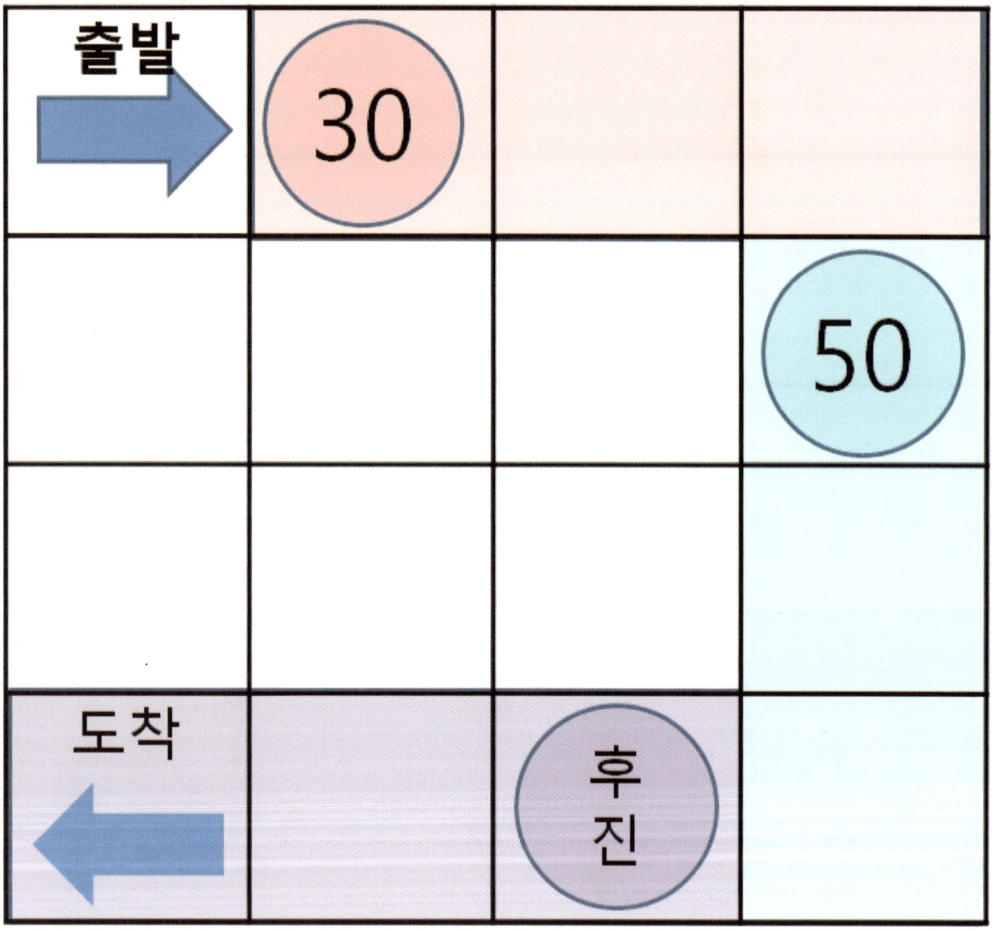

▶ 부록 참조

더 생각해보기

* 두명씩 짝 지어서 각 자의 축구 골로 넣기

▶ 부록 참조

4. 센서로 움직이는 햄스터

CHAPTER 4

센서로 움직이는 햄스터

살펴보기

우리의 일상에는 다양한 센서를 활용한 코딩이 많이 있다. 햄스터 로봇이 가지고 있는 다양한 센서를 활용하여 창의적인 작품을 만들어 친구들에게 소개해 보자. 새로운 발명품 제작해본다.

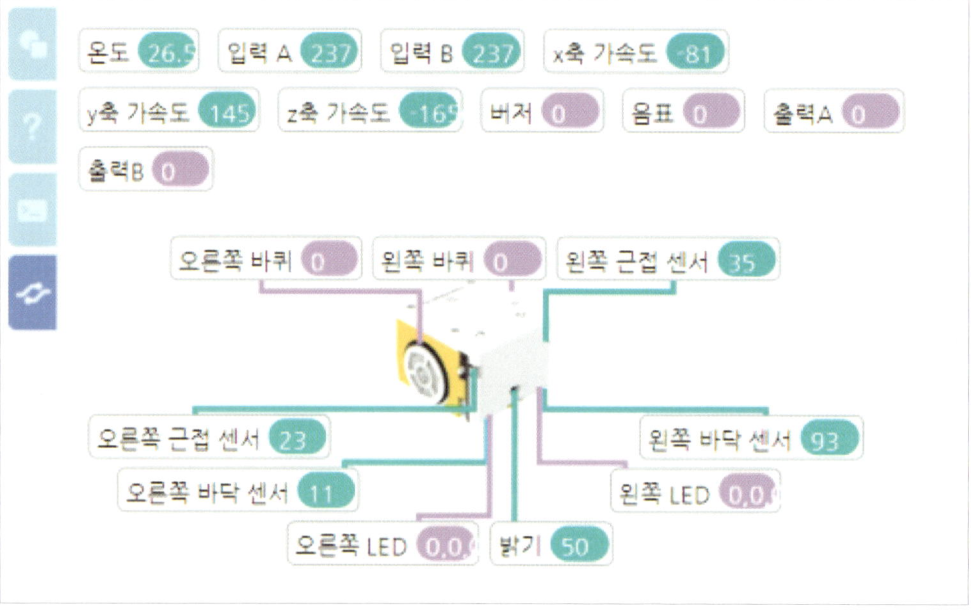

5. 낮과 밤

CHAPTER 5

낮과 밤

학습목표

햄스터 로봇의 센서를 알아본다.
센서의 기능을 활용하여 창의적인 코딩하기.

필요한 오브젝트

공원(3)	무덤

실행 결과

	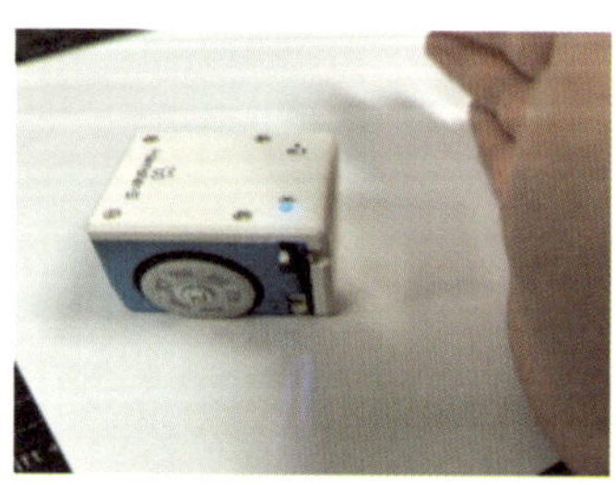

명령 블록

● 햄스터 내 센서를 통하여 밝기를 측정한 값

● 조건이 맞으면 첫 번째 칸 안 블록이 실행되고, 아니면 아래 칸 안의 블록이 실행됨

● 설정한 모양으로 바꿀 때 사용

● 왼쪽 값과 오른쪽 값보다 클 때 참으로 판단

● 칸 안의 블록을 계속 반복함

1) 오브젝트 창 완성하기

햄스터 로봇 근처에 물체가 감지되면 닫혀 있던 창고의 문이 자동문처럼 열리게 코딩하기

6. 열려라, 창고

CHAPTER 6 열려라, 창고

학습목표

햄스터 로봇의 센서를 알아본다.
센서의 기능을 활용하여 창의적인 코딩하기.

필요한 오브젝트

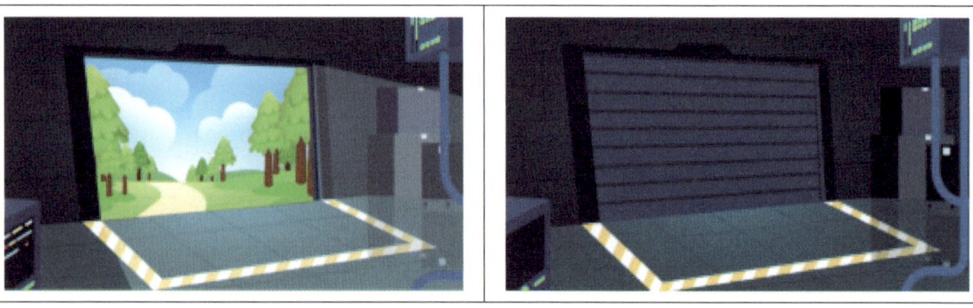

창고

실행 결과

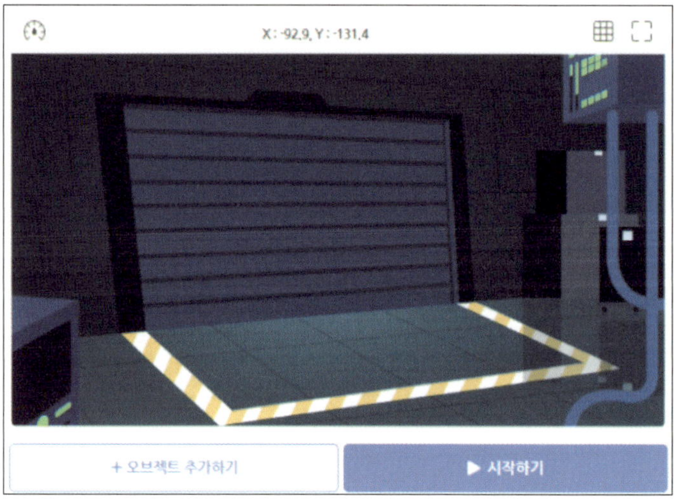

명령 블록

블록			설명
문 열린 창고▼ 모양으로 바꾸기	●	●	가까이에 물체가 있는지 감지하는 센서의 값
만일 참 (이)라면 / 아니면	●	●	조건에 맞으면 첫째 칸 안의 명령 블록을 실행하고 아니면 아래 블록을 실행
			왼쪽 값이 오른쪽 값보다 큰 경우 참으로 판단
왼쪽 근접 센서▼	●	●	
10 > 10	●	●	설정한 모양으로 모양을 바꿀 때 사용

1) 오브젝트 창 완성하기

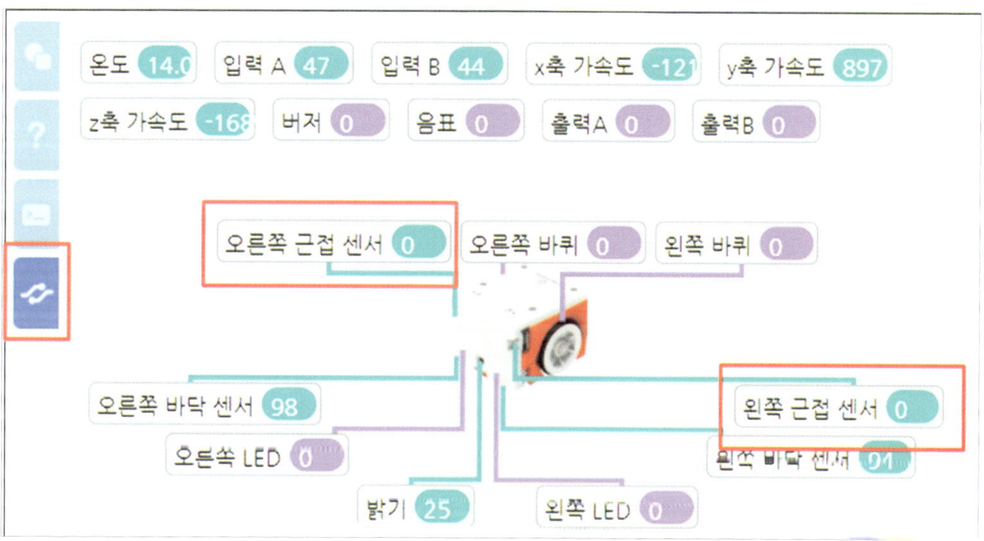

* 하드웨어 탭을 이용하여 센서값을 확인하여 코딩 시도하기

2) 코딩완성하기

햄스터 로봇 근처에 물체가 감지되면 닫혀 있던 창고의 문이 자동문처럼 열리게 코딩하기

양쪽 센서를 모두 사용하여 감지하고 값을 다르게 하여 거리를 조절하기

더 생각해보기

* 손을 이용하여 길을 벗어나지 않고 도착지점에 도착할 수 있도록 운전하기
* 바닥센서를 활용하여 자율주행을 할 수 있도록 생각하기

▶ 부록 참조

PART 4

부록

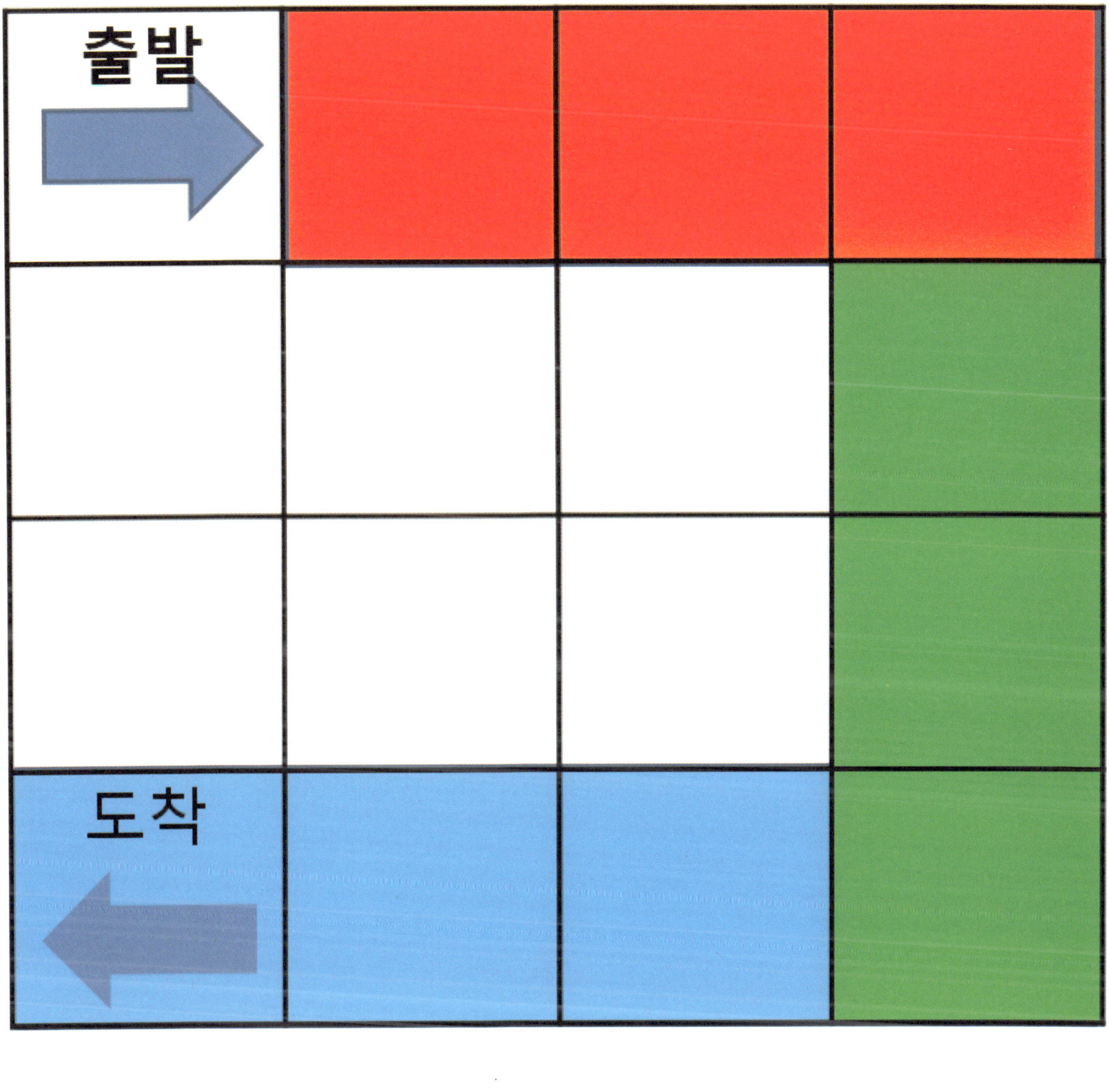
출발
도착

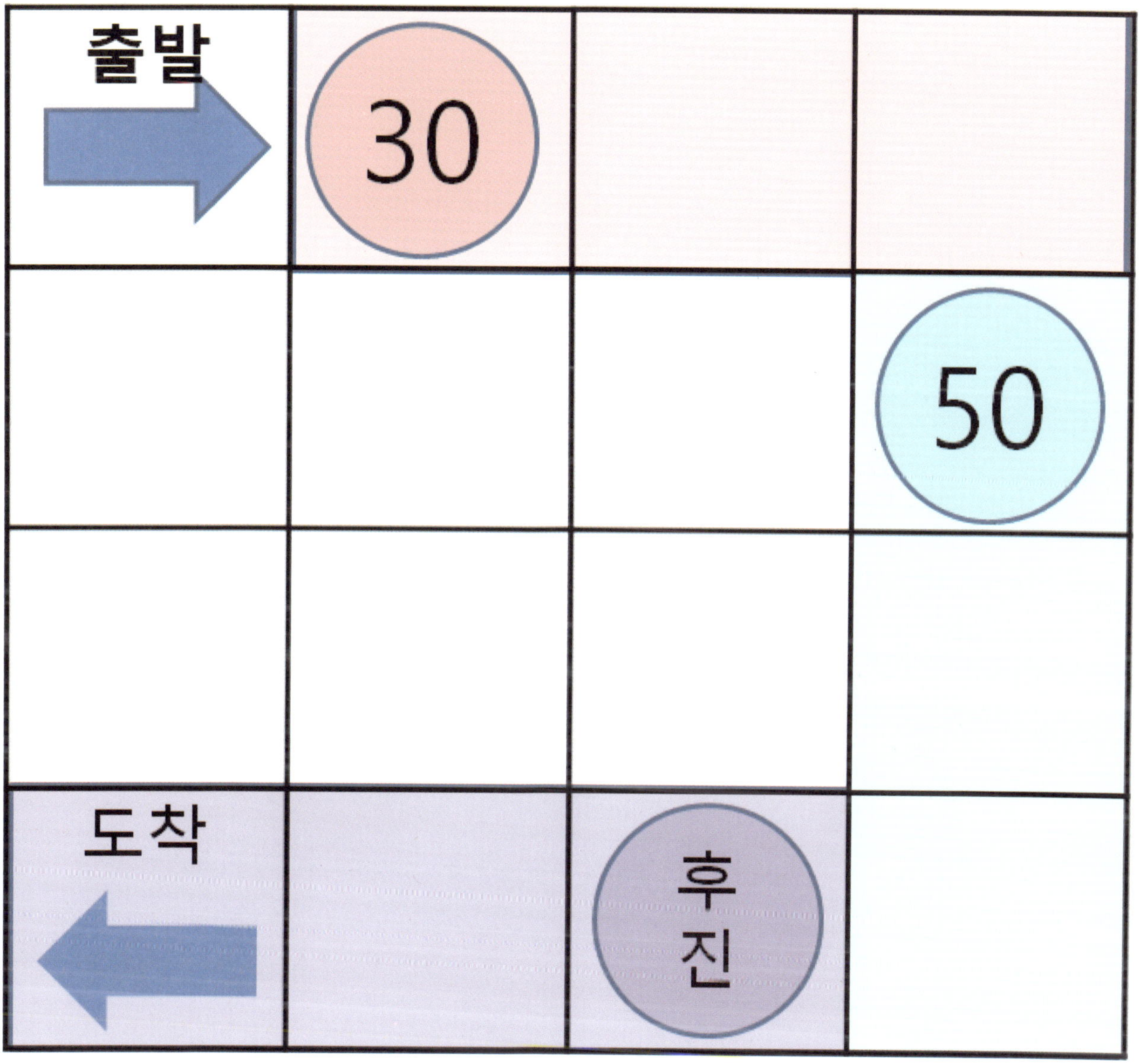
출발
30
50
도착
후
진

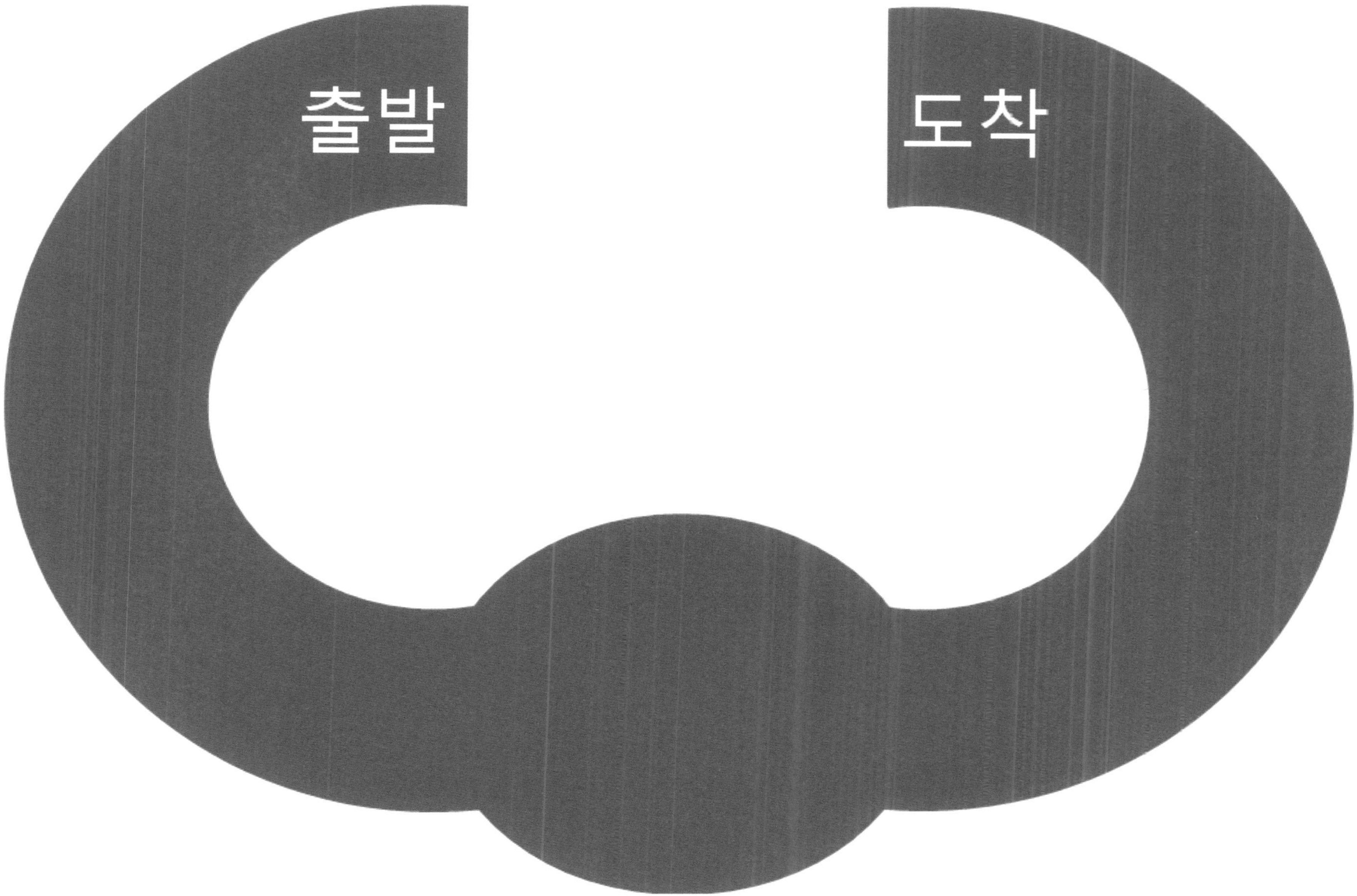
출발
도착